SV

»Youssef el Khal sagte eines Tages, ich sei eine Dichterin. Ja, ich bin die Dichterin im Herzen der Stadt. Ein Punkt. Ich bin die Dichterin des Hier und Jetzt. Aber da ich eine Frau bin, bin ich unsichtbar.«

»Ich verließ diesen Ort, indem ich ganz bis nach Kalifornien floh. Ein Exil, das Jahre dauerte. Ich kam zurück auf einer Tragbahre und fühlte mich hier wie eine Fremde, wie exiliert aus dem bisherigen Exil.«

»Sie verkaufen den Tod in Beirut so, wie sie Wein in Frankreich verkaufen. Zum Vergnügen.«

»Es gibt ein Geheimnis um mich: meine Beweglichkeit. Ich gehe stets schneller, als ich gehe. Deshalb bin ich mir selbst so fremd.«

»›Ich‹ weiß, was es bedeutet, ein Araber zu sein: stolz, ohne Grund, erniedrigt, ohne Grund.«

»Ich gehöre zu denen, die den Staub nicht aus weiblichem Gehorsam küssen, sondern weil er ein Teil der Erde ist.«

Etel Adnans Aufzeichnungen aus dreißig Jahren kommen aus Beirut, aus Paris, aus Sausalito, von einer griechischen Insel. Die libanesische Autorin, Exilantin in Europa und Nordamerika, navigiert in der Gegenwart. Schutzlos, als eine leidenschaftliche Beobachterin, antwortet sie schreibend auf das, was sie sieht und erfährt; im letzten Kapitel dieses Bandes auf den nahenden Irakkrieg.

Etel Adnan
Im Herzen des Herzens eines *anderen* Landes

Aus dem Englischen von
Christel Dormagen

Suhrkamp Verlag

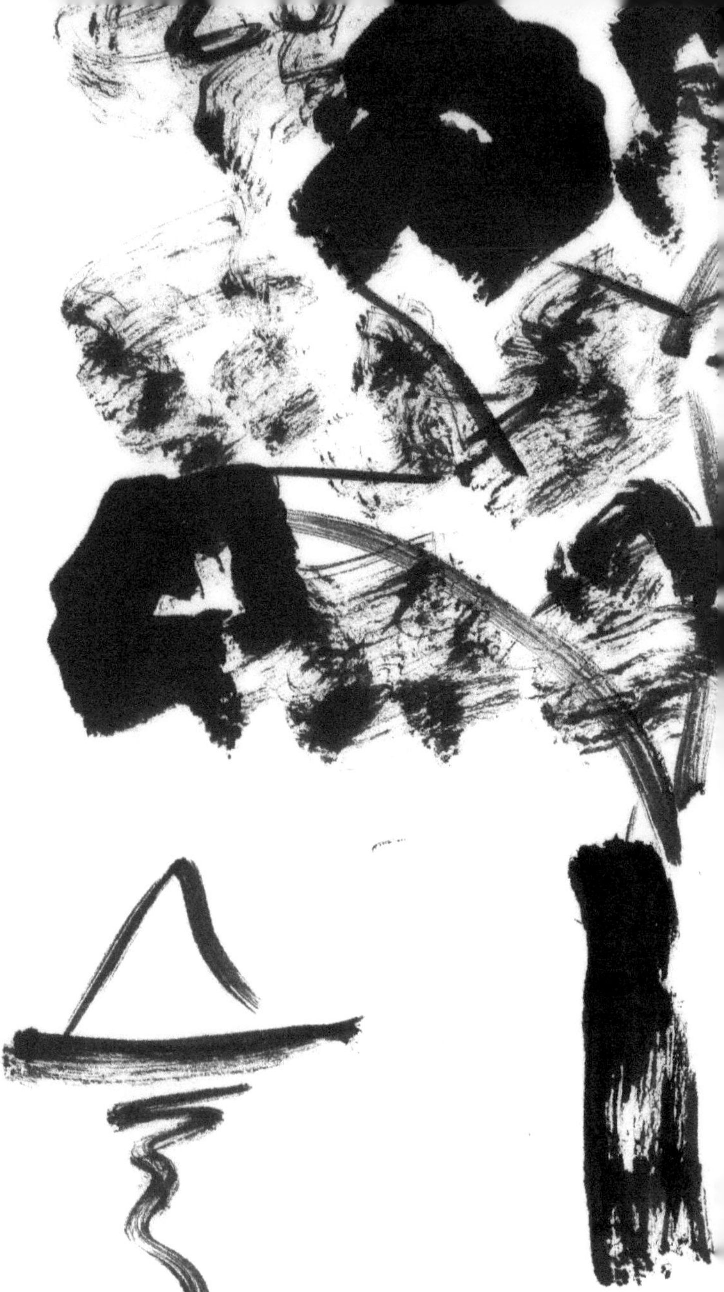

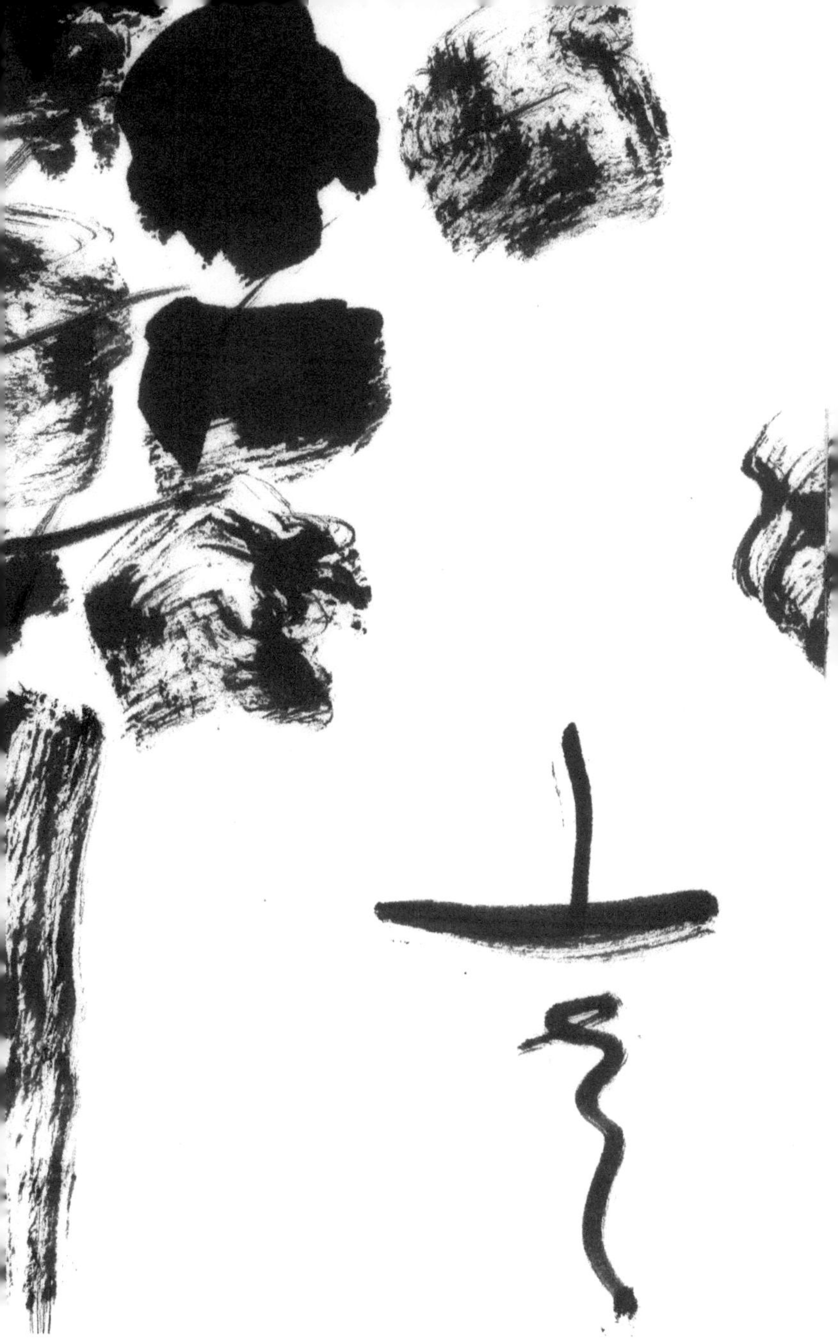

Im Herzen des Herzens eines *anderen* Landes

ORT

So habe ich die Meere befahren und bin …

… nach B gekommen …

einer Stadt am Meer, im Libanon. Siebzehn Jahre sind vergangen. Meine Abwesenheit war ein Exil vom Exil. Ich gehöre zu den Menschen, die immer das machen, was schon ein anderer macht …, nur ein paar Wochen früher. Ein Fisch im warmen Meer. Kein Haus als Herberge, aber ein Bett, von Haus zu Haus, und Kleidung, zerknüllt auf einem einzigen Regal. Ich suche Liebe.

WETTER

In Beirut gibt es anderthalb Jahreszeiten. Oft ist die Luft reglos. Ich stehe morgens auf und atme schwer. Der Winter ist feucht. Meine Knochen schmerzen. Ich habe einen Nachbarn, der Blut spuckt, wenn es endlich regnet.

MEIN HAUS

Als ich ein Kind war, baute mein Vater ein Haus neben der Deutschen Schule, damit ich sie besuchen könnte. Die Schule zog aus, als er das Dach fertig hatte. Seitdem wird für mein Eigentum die billigste Miete in der ganzen Stadt gezahlt. Die Gesetze sind so, daß ich die Mieter nicht rauswerfen kann. Ohnehin fürchte ich mich vor Häusern wie vor Gräbern.

EINE PERSON

Mein anderer Nachbar (von Nachbar zu Nachbar komme ich um die ganze Welt) verkauft Vögel. Und Katzen. Eine siamesische Katze wurde ihm geboren – und war wirklich siamesisch: Sie hatte zwei Köpfe, vier Ohren, zwei Rümpfe, zweimal zwei Paar Beine, zwei Schwänze. Mensch, klebten die zusammen! Er hat einen kleinen Affen im Angebot, den er schon seit siebzehneinhalb Jahren aufzieht. Der Laden liegt gegenüber einer Zeitung, die bankrott gegangen ist. Seitdem sind alle Fenster blind.

DRÄHTE

Es sind nur wenige, und da es in Beirut keine Bäume gibt, sind die Strommasten tot, geometrische Simulationen von Bäumen. Tote Archetypen. Was die Vögel betrifft, libanesische Jäger haben alle getötet. Jetzt töten sie auch die syrischen Vögel.

DIE KIRCHE

Wir haben Kirchen, Moscheen und Synagogen. Alle nachts gleichermaßen leer. An Wochenenden verlassen viele Fliegen ihre Gärten. Menschen kommen herein.

MEIN HAUS

Ich sollte sagen: meine Seite des Betts. Aus einem halben Bett wird nachts ein großes Haus. Meine Träume haben die Macht, den Raum auszudehnen und mich in die prächtigsten Villen zu versetzen. Tagsüber ist das unwichtig. Es gibt viele Straßen, ein paar übriggebliebene Gehsteige und, ja, das Café Express, in das ich mich, bedrängt von Erinnerungen, zurückziehe.

POLITIK

Oh, es ist einfach zuviel, zuviel. Einst träumte ich, ich würde der neue Ibn Khaldoun* Amerikas oder der de Tocqueville der Araber werden. Jetzt arbeite ich bei einer Zeitung und schreibe über die belanglosesten Dinge. Deshalb verstehe ich nicht, wie es kommt, daß es Könige ohne Königreiche gibt und Palästinenser ohne ein Palästina. Was die diversen Skandale angeht, so bedeuten sie mir nichts. Es muß mich doch nicht kümmern, daß Diebe andere Diebe bestehlen. Oder?

LEUTE

Die Libanesen gehen auf zwei Füßen, wie, zum Beispiel, die Chinesen; manchmal auch auf vier, wenn sie eine Münze unter dem Tisch aufsammeln. Ihr Land ist klein, ihre Begierden sind klein

* Ibn Khaldoun (1332 Tunis-1406 Kairo); islamischer Historiker und Soziologe; Autor einer Geschichte der Araber und der Berber. (AdÜ)

und ihre Liebesgeschichten auch. Nur ihre Autos sind groß. Detroit hat Chevies und Buicks gebaut. Alle unverkauften Buicks von Amerika fahren auf unseren Straßen. Deshalb sieht man in unserem Land nur die Köpfe der Menschen. Ihre Körper hat man sorgfältig gewaschen und weggepackt. Und Frauen – die gibt es nicht. Sie betrachten sich alle als die andere Hälfte ihrer Männer. Mit einer Ausnahme.

WICHTIGE FAKTEN

Die interessantesten Dinge in Beirut sind die, die fehlen. Das Fehlen einer Oper, eines Fußballplatzes, einer Brücke, einer U-Bahn und, hätte ich fast gesagt, der Menschen und der Regierung. Und natürlich das Fehlen des Fehlens von Müll.

BILDUNG

Jeder spricht Arabisch, Französisch, Englisch, Armenisch, Griechisch und Kurdisch. Manchmal nur eine Sprache zur Zeit, manchmal alle auf einmal. Und sogar die Kinder sind Finanziers.

GESCHÄFTE

Händler verkaufen an andere Händler und kaufen von ihnen. Männer verkaufen Frauen an andere Männer und kaufen Frauen von ihnen. Frauen verkaufen Frauen an Frauen. Und alle verkaufen Kinder: aus Eitelkeit, für Geld, zum Vergnügen. In den großen Gebäuden von Hamra werden Kinder unter den Augen ihrer Eltern mißbraucht. Eltern danken Gott, wenn sie das Geld erhalten.

MEIN HAUS, DIESER ORT UND KÖRPER

Es gab ein Haus in einem Eukalyptushain. Ich schlich mich mit meinem Vater hinein, und mitten in der Nacht kam ein Wächter und weckte uns. Ich riet meinem Vater, ihm Geld zu bieten, und das tat er: er gab ihm 900 Pfund. »So viel habe ich nicht verlangt«, sagte der Wächter. Darauf verschwand mein Vater.

Sprich mir nicht von meinem Körper. Er ist geschlagen, aufgeschnitten worden; Bandscheiben, Nerven und Gewebe sind entfernt worden. Mein Bauch ein zoologischer Garten. Meine Augen armselige Leuchttürme und mein Geist ein felsiger, unfruchtbarer Garten, genau wie dieser Ort und das nicht existierende Haus.

DIESELBE PERSON

Ich ging in den Laden, und weil mir die Käfigvögel leid taten, sagte ich zu dem Typ: »Wie können Sie Tiere verkaufen?« Er antwortete: »Sind Sie nicht auch ein Tier?« Also schlug ich die Augen nieder und bewunderte ihn.

WETTER

Früher liebte ich die Hitze und, bis heute, den Schweiß. Meine Laken wurden stets naß, ebenso wie ich, wenn ich mich, mein Körper in Ekstase, darauf wälzte. Ich war damals sechzehn oder etwas mehr. Ich küßte die Luft dieser Stadt voller Leidenschaft und trug sie in meinen Armen. Ich konnte keinen Mann lieben, da ich das Meer liebte. Dann ging ich fort, und der Zauber war zerstört. Das Wetter alterte, bekam Runzeln, Mark und Bein wurden weich. Heutzutage ist es, als würde man Matsch atmen. Wenn es regnet, kann ich mich nicht für die Bäume freuen. Es gibt sie nicht. Deshalb freue ich mich für die Gebäude. Sie erhalten ein unvollkommenes Bad. In meinem Fall hat die ewige Sonne wie eine Sirene auf mein Hirn gewirkt.

Sie hat meinen Verstand aufgezehrt. Der Staub hat meine Nägel gefeilt. Kakerlaken laufen über meine Bilder, und ich stehe nachts auf, um sie zu töten und an den Rand meines Traums zu treiben. Doch die Feuchtigkeit ist beständig, und unsichtbare Amöben tanzen ständig in der Luft. Man fühlt sich stets ein wenig angeschwollen in Beirut. Es ist eine Schwangerschaft mit bösen Vorzeichen. Du mußt in ein Dorf namens Sannine gehen, um wieder durchzuatmen. Aber du bleibst nie sehr lange dort oben. Du vermißt das Wetter von Beirut.

ORT

Ich verließ diesen Ort, indem ich ganz bis nach Kalifornien floh. Ein Exil, das Jahre dauerte. Ich kam zurück auf einer Tragbahre und fühlte mich hier wie eine Fremde, wie exiliert aus dem bisherigen Exil. Stets bin ich entfernt von etwas, von einem Ort. Meine Sinne haben mich verlassen, einer nach dem anderen, um ihr eigenes Leben zu führen. Wenn du mir auf der Straße begegnest, sei dir nicht sicher, daß ich es bin. Mein Mittelpunkt liegt nicht im Sonnensystem.

LEUTE

Dies ist der grausamste Ort. Ein Mann in einem Motorboot rammte einen Schwimmer und raste davon. Der Schädel war gebrochen. Eine große Blutlache bedeckte das Meer. Maler eilten zu der Stelle und malten ein Bild für den Verkauf. Ein Mädchen wurde von ihrem Bruder getötet, weil sie ihren Liebsten anlächelte. Ein Haus in der Stadt wurde in Brand gesteckt, weil man die Mieter loswerden wollte. Ein Aufstand hat begonnen, der Aufstand der Reichen gegen die Armen. Ja, weil sie sichergehen wollen, daß letztere sich nicht vermehren, lieber sollen sie tot sein, je eher, desto besser.

MEIN HAUS MEINE KATZE MEINE GESELLSCHAFT

Aus jeder Schublade quillt das Blut meiner Seele. Meine vom Licht gequälten Augen sind mit grausamen Staubpartikeln bedeckt. Geräusche dringen als Dämonen ein. Kein Verbrechen in der Zeitung ist so blutrünstig wie die Geräusche, die mein Bett umgeben. Es ist ein ewiges Schlagen.

MAO heißt mein Kater, der aus den Händen eines Freundes befreit wurde. Er schläft auf meiner linken Seite, wacht über meinen Herzschlag. Wenn er nachts manchmal wegläuft, muß ich rausgehen und ihn suchen. Meistens läuft er gegen vier Uhr morgens raus, wenn das Korangebet die Luft erfüllt und die Klage endlos scheint und mich mit heiligem Entsetzen erfüllt. Irgendwie überträgt sich dieses Entsetzen auf MAO, und sein Fell sträubt sich. Er drückt sich zitternd an mich, wenn wir nach Hause kommen.

Eines Morgens war meine Brust nackt, und er legte seine Pfote darauf. Es war ein Augenblick der Vollkommenheit.

Also gab ich ihn weg, aber er kam zurück.

Ich lebe mit einer Frau zusammen, die meine Leidenschaft für Ameisen teilt, seit ich ihr eines Tages erzählte, mein Vater habe mich gelehrt, sie aufmerksam zu beobachten, damit ich sie später im Leben nachahmen könne. Das war meine Erziehung. Mir wurde gesagt, Ameisen besäßen alle notwendigen Eigenschaften: Sie seien winzig und trügen Lasten, größer als sie selbst. Sie schliefen nie. Fleißige Wesen, die immer zusammensteckten und nie etwas allein täten. Und wenn man sie töte, vermehrten sie sich. Und so verliebte meine Freundin sich in meinen Vater, weil er so recht gehabt hatte. Aber er ist tot. Die Ameisen leisten mir Gesellschaft, kommen unter den Blumentöpfen hervor und krabbeln in Schränke, Gläser, Löffel. Sie machen vor der Kühlschranktür halt. Ihr Gehirn ist kleiner als ein Stecknadelkopf. Also muß es Engel geben.

Ich bilde eine Spezies für mich allein. Deshalb dringt kein Fisch in meine Gewässer. Ich habe keine Feinde.

Ich lebe mit einer Frau zusammen, die einen wiederkehrenden Traum hat: Jede Nacht geht sie Echn-Aton ausgraben und trägt seinen Sarg durchs ganze Haus. Der junge König macht eine nächtliche Reise auf ihren Armen. Sein Sonnenschiff war von seinen Mördern zerschmettert worden. Manchmal beweint sie ihn auch am Tag, aber sie geht nicht, wie die Frauen aus Amerika, in rosa Pantoffeln und mit Klemmen im Haar zum Supermarkt. Nein. Sie benutzt Silberbesteck, streut Salz und Pfeffer auf ihr Fleisch und erzählt mir, sie entstamme keiner Lichtquelle, sondern einer Schattenquelle.

Ich für mein Teil erzählte ihr, daß ich den Grund meines Daseins in den Konfigurationen von Materie sehe.

Ich liebe die verschiedenen Gegenstände, die mir begegnen, leidenschaftlich. Ich habe eine Schwäche für Autos. Mein Löffel ist für mich, was der Engel einst für Jakob war: mein Augenblick der Wahrheit. Die Menschen werfen ihre Fingernägel weg, und ich betrachte diese Materieteilchen mit Ehrfurcht: durchsichtig wie Alabaster, winzig wie afrikanische Ameisen, blaß wie gelöschte Erinnerungen. Ich werfe sie mit ungeheurer Melancholie fort. Ich würde gern mit Musik der *St. James Infirmary* beerdigt. Oder etwas Ähnlichem, vielleicht einem Song von Oum Kalsoum*.

Danach würde ich gern auferstehen. Der Tod erschiene dann so kurz wie ein Wimpernschlag. Ich bin jemand, dem die Auferstehung gefällt, und damit bin ich nicht allein; ich höre es die Leute sagen, wenn ich unterwegs bin, und zwar meistens in New York.

POLITIK

Der Staat. Ein Mann und eine Frau bilden zusammen schon einen Staat. Mit ihnen gibt es alles: ein Autoritätsprinzip, eine Regierung, Verhaltensregeln, Botschaft und Vertretung, Diplomatie, Waffen, Friedens- und Kriegszeiten.

Sie stellen auch, um die Dinge schwieriger als bei Staatsangelegenheiten zu machen, zwei verschiedene Spezies dar. Wenn sie sich treffen, ignorieren sie einander manchmal. Manchmal klettern sie aufeinander wie ein Affenpaar. Zu anderen Zeiten weht ein kühler Luftstrom von einem zum anderen: Da ist Liebe. Und dann gibt es noch Zeiten, in denen bei Kontakt ein Kurzschluß entsteht und sie einander verbrennen und nichts hinterlassen außer einem Fleck auf der Sonne.

Youssef el Khal sagte eines Tages, ich sei eine Dichterin. Ja, ich bin die Dichterin im Herzen der Stadt. Ein Punkt. Ich bin die Dichterin des Hier und Jetzt.

* Oum Kalsoum (1904-1975); stammt aus einem Dorf im Nildelta und gilt als die unbestritten größte Sängerin der arabischen Welt; ein Lied von ihr konnte manchmal eine Stunde dauern. (AdÜ)

Aber da ich eine Frau bin, bin ich unsichtbar. Ich muß verbergen, daß ich auf Ameisen fixiert bin. Sie verfolgen mich. Wenn eine Frau auf den Marktplatz ginge und um Hilfe riefe, weil Ameisen ihr zwischen den Beinen hochlaufen, würden einige Männer sich zwischen ihre Schenkel werfen und wie wild nach den winzigen Viechern suchen, um die Frau von ihrer Angst zu erlösen und auch, um sie zu verletzen. Sie aber würde verhaftet und in eine Irrenanstalt gesteckt werden, bis sie schließlich halluzinieren und das Wasser aus dem Hahn zu einem dichten Schwall schwarzer Ameisen werden würde. In diesem Fall würde ich meine Decke aus Fliegen hochziehen und schlafen.

WEITERE WICHTIGE FAKTEN

Wie ein Lachs kam ich hierher zurück, um zu sterben. Aber dieser Ort ist kein Ort. Ich bin unfähig zu sterben.

An dem großen Staudamm des Columbia River sah ich einen Lachs stromaufwärts schwimmen und an den Betonwänden des Damms krepieren. Der große Columbia River ist ein Strom, der eine Spur im Universum hinterläßt.

Wenn ich von so weit her nach Beirut kam, dann, um den Pazifik zu beklagen. Meine Leidenschaft gilt dem Strand. Im Sternzeichen der Fische geboren, bin ich der indianische Lachs, der einem arabischen Land entstammt.

In der Hamra-Straße, in Bourj und in Bab Edriss schnüffeln die Menschen Benzin, und es gefällt ihnen; es ist immer noch billiger als Wasser in einem Land der Dürre.

BILDUNG

Kinder lernen, daß kleine Jungen kleinen Mädchen überlegen sind. Ja. Wenn Hassan Nedjma schlägt, wird Nedjma von ihrem Vater geschlagen, weil sie geschlagen wurde, und so fort ad infinitum …

Und niemand sagt ihnen, nein, niemals!, daß eine Ratte genauso menschlich ist wie eine Katze. Und der langsame Prozeß der Kastration beginnt auf den Holzbänken der Klassenzimmer. Wir brauchen Schulen ohne Wände. Wir sollten eine Nation von Schwimmern sein. Was aussteht: das Ende der Nationen. Das Ende der Enden.

In diesem habgierigen Land sieht selbst der Mond wie eine Münze aus, weil den Kindern Zahlen beigebracht werden. Ich für mein Teil lernte Arithmetik, indem ich Ameisen tötete und ihre toten kleinen Körper zählte.

GESCHÄFTE

Dieser Ort ist eine Kreuzung ohne Ampeln. Ein Landeplatz für Außerirdische. Eine Einwanderungsstelle. Sieh nur, wie sie vom Jupiter und vom Mars kommen, die Siedler. Einst ging ich von Damaskus nach Rakka zu Fuß durch einen Wald von Aprikosenbäumen. Doch die Händler kamen, und der Wald verschwand.

Ich habe dir schon erzählt, daß eine Flasche Wasser teurer ist als eine Flasche Benzin. Also laß uns Öl trinken. Wir kaufen Spiegel und Drogen, aber wir besitzen nicht die Leichenhallen Amerikas, noch die jüdischen Friseursalons Tel Avivs. Nein. Geschäftemachen ist gesund. Es ist alles ein Handel mit Spielzeug, das stets mit dem Schweiß eines anderen erkauft ist. Und dann ist da der Flugplatz. Er bringt Millionen von Dollars ein. Er bringt Millionen von Menschen weg. Das größte Geschäft in der Stadt ist das Tragen von Gepäck von hier nach da. Kauf dir eine Fahrkarte zum Mond, und wir befördern deine Pantoffeln umsonst. Kauf. Kauf. Kauf.

DIESELBE PERSON

Weil ich ihm erklärte, eine Ratte sei genauso menschlich wie eine Katze, warf er sich an mich ran und sagte, er müsse reden. Wir gingen zusammen in das Prostituiertenviertel der Stadt. »Ich kann nur reden, wenn ich vorher ein bißchen gespielt habe«, sagte er, also gingen wir in einen Laden und nahmen Gewehre und schossen auf bewegliche Ziele. Er holte zwei ausgestopfte Bären runter. Wir gingen essen. Er sagte zu mir: »Lassen Sie nicht zu, daß sie mich kriegen. In Kabul wollten sie mich ins Gefängnis stecken, und ich floh. Sie ahnen ja nicht, was man dort den Gefangenen antut. Sie halten sie in einem Becken, wo ihnen das Wasser bis zum Gürtel reicht. Ein Mann, der früher Botschafter war, blieb drei Jahre darin. Er war danach nicht mehr derselbe.

Den Amerikaner, in dessen Haus Timothy Leary verhaftet wurde, steckten sie für fünf Monate in dieses Becken. Als er rauskam, war er verrückt. Seine Frau wurde in ein großes Loch unter freiem Himmel und ohne Wasser gesteckt, aber den Wachen wurde verboten, dem Loch zu nahe zu kommen, damit sie sie und die anderen Frauen nicht vergewaltigten. Daher mußten sie ihnen das Essen hinwerfen wie Tieren. Aber diese Frauen erinnern sich.«

Direkt gegenüber dem Restaurant war Marikas Haus. Wir kamen zu dem dreistöckigen Gebäude, und er sagte hallo zu ihr und küßte dann ihren muslimischen Freund Alaf auf die Stirn. Marika hat die Sanftheit der typischen griechischen Prostituierten in einem arabischen Hafen. Wir rannten die Treppe hinunter. Zwei libanesische Soldaten suchten die Tür. Sie machten eine unanständige Geste. Er lachte. Er schwitzte immer stärker, und er sagte: »Über das Äußerste möchte ich in der Nähe eines Ventilators sprechen.« Wir fanden ein kleines Café mit einem Tisch aus einer Marmorplatte mit eisernen Beinen, tranken etwas Wasser und begannen eine endlose Unterhaltung über … sein Verlangen nach kleinen Mädchen.

DRÄHTE

Der Faden dieses Jahrhunderts ist aus Draht. Deutsche Lager, überall in Europa, eingezäunt mit Draht und Stacheln, und in Griechenland … britischer Draht in Ägypten. Israelischer Draht in Palästina und an der Südgrenze des Libanon. Münder von Menschen mit Draht zugenäht und Che Guevaras Körper damit umwickelt und von einem Ort zum anderen gezerrt. Ein Vietkong, nicht an einem Seil, sondern an Eisen aufgehängt. All die kleinen elektrischen Drähte, die kreuz und quer durch mein Gehirn laufen und unzulänglich einen Gedanken mit einem anderen verknüpfen, meinen Hunger mit meinem Exil und meinen Körper mit diesem Ort. Jeder einzelne von uns ist ein Hund, der mit Stahlbändern an einen Zweck geheftet ist und darauf wartet, daß der Blitz einschlägt.

WETTER

Frühling ist tödlich, wie rote Rosen.

Das Wetter weckt in mir stets Todesangst. Ich gehöre zu den Tieren mit starkem Lebenswillen, doch die Mächte des Todes, wie riesige Flutwellen, werfen sich gegen mich. Ich gehe von Land zu Land, und jedes Mal wird die Erde unter meinen Füßen zu einem Ozean. Also wandere ich weiter. Dem Wetter eines jeden Orts hinterher.

Mittags besuche ich Baustellen. Ich sehe den syrischen Arbeitern beim Essen zu. Stets ist etwas Zement auf ihrem Brot. Wenn sie eine Wassermelone aufschneiden, zählen sie die schwarzen Kerne, um zu erfahren, wieviel Tage sie von ihrem Tod trennen. Sie wissen nicht, was sie tun. Für sie ist es wie Schachspielen.

Der Frühling beginnt hier im Februar. Wir werden an unseren Schreibtischen ohnmächtig. In Klassenräumen. In Zimmern. Schweiß liegt als dünner Schleier auf meinem Gesicht und meinem Hals, läuft mir zwischen die Schultern, den Rücken hinunter. Meine Nerven zittern. Die Hitze nimmt zu. Im Juni, Juli, August gleiche ich einem platten Reifen. Dann rumoren alle möglichen Amöben in meinem Bauch. Die Hitze ist ein Nährboden, mein Körper arbeitet wie sumpfiges Gelände, und im grünen Blattwerk meiner Eingeweide wachsen Blumen irgendeines Gegenparadieses. Flugzeuge steigen auf, und weil ich ein Vierbeiner bin, bleibe ich am Boden und sogar darunter. Der Oktober in Beirut ist das Ende der Straße zur Hölle. Die Feuchtigkeit hat ihren Sättigungsgrad erreicht. Mittlerweile kann man sich kaum noch bewegen. Müde Knochen, müde Augen, müde Finger. Ein Nerv nach dem anderen verabschiedet sich. Der Hafen überfüllt. Die Straßen ebenso. In trüber, verseuchter Luft tue ich so, als würde ich atmen. Das Jahr ist fast vorbei, und die kurzen Regenschauer warten schon.

ORT

Mein Ort liegt im Zentrum der Dinge. Ich schreibe aus dem Innern eines Atomkerns. Blut, das unter meinen Ohren pulst. Trockene Hitze, die von meinen Nerven ausstrahlt. Ein Druck, der versucht, meine Augen vor mir her zu schieben; sie wollen allein reisen. Mein Ort: Highways, Züge, Autos. Eine Straße nach der anderen, von Meeresküste zu Meeresküste. Von Beirut zum Roten Meer. Von Aden nach Algier. Von Oregon nach La Paz. Ich mache immer weiter, Gefangene eines Körpers, und mein Gehirn ist bloß ein Radiosender, der Botschaften ins All schickt. Engel, Astronauten ganz in Weiß, ich wünschte, ein fremdes Wesen würde mich irgendwohin bringen, wo keine Krankheit meine Wahrnehmung trübt. Ich werde mir Flügel wachsen lassen und fliegen.

LEUTE

Charlie Mingus kam nach Baalbek. Sie liebten ihn. Er verhielt sich wie ein Vogel. Riesig, mit glänzenden Kupferschwingen. Er verwandelte die Luft in einen Dschungel. Sie tanzten. Sie dehnten ihre Körper aus. Es wuchsen ihnen Flügel, Hörner, Geweihe, Stacheln, Zähne.

Am Morgen gingen alle in die kleinen Käfige, die sie ihre Büros nennen. Einige machten Anrufe.

Aber ich will doch eine Revolution! Ich gehe die Tagträume durch. Frauen machen weder Krieg noch Frieden. Die Männer auch nicht. Da ist noch eine lange Schlange von Ameisen, die darauf warten, daß sie an die Reihe kommen. Sie wollen eine neue Regierung bilden; sie können es nicht. Irgendwelche höheren Insekten sind in ihr Nervensystem vorgedrungen und haben ihren Willen gelähmt.

Die arabischen Frauen bilden ein eigenes Volk. Eine schlecht geführte geheime Gesellschaft. Sie geben sich große Mühe, aber ohne System. Am besten sind sie im Fernsehen. Männer haben sie nie angeschaut. Sie so angeschaut, wie man den Sonnenuntergang anschaut.

Also kommen die Kameras hin und wieder zu diesen Frauen. Tiere mit runden Augen, die strahlenförmig ihre Wünsche auf sie richten. Die Frauen wissen, daß sie schließlich, nach zig Millionen von Jahren, angeschaut werden; ihre Augen begegnen den Augen der Kamera, eine eisige Liebesaffäre. Sie stehen einander gegenüber, allein. Der Raum ist dunkel. Die Dunkelheit läßt die Wände des Studios verschwinden. Und so ist es, als wäre man im Weltall.

Blitzlichter bohren sich in ihre Seelen; das gibt ihnen das Gefühl, Zielscheiben zu sein. Tief drinnen benutzt das Licht seine Strahlen wie einen Besen. Stück um Stück kehrt es das Innere der Seele aus. Am Ende ist alles Geburtsplasma verschwunden. Etwas Leeres ist erschienen, und die Frau ist entsetzt über eine solche Reduktion durch Visieren und Schießen.

So geht es weiter …

Ein Wesen entkam dem allgemeinen Schicksal arabischer Frauen: Oum Kalsoum. Wenn die Araber das Gefühl hatten, sie besäßen nichts, so meinten sie damit, daß sie immerhin Oum Kalsoum hätten, die in ihrer Person, ganz allein, den Lebenswillen des arabischen Volks, die religiöse Essenz seiner Kultur verkörperte. Mit der Macht ihrer Stimme und dem Klang jedes einzelnen Worts bannte sie die ihr entgegenströmende Flut von Menschen. Diese Menschenflut wurde zur Flut der Geschichte, zur Flut aller Enttäuschungen, die sie in eine Art Segen verwandelte.

Sie singt ›treffsicher‹, stachelt auf, was in jedem von uns schlummert. Und geißelt – wir dürfen es nicht vergessen – alles Fremde, weil damals der Fremde der Kolonialist war. Sie nahm es auf sich, der Welt zu sagen, daß die arabische Welt existiert.

All den durch Unterentwicklung und Besatzung Kastrierten sagte sie, daß sie sie liebe. Sie singt, als sänge sie für dich allein, und in dieser Liebe, so tief wie Täler und der Meeresgrund, fanden beide, der Fellache und der Premierminister, das, was die Sünden vergibt und den Sohn erlöst in die Gnade der Mutter zurückkehren läßt.

Sie war, wie die Sufis, ein erotisches Wesen, das Fleisch und Geist versöhnte. Sie ist der rote Faden dieses Jahrhunderts. Ich hörte sie im Großen Theater von Beirut, als ich zwölf war. Es war ein heilsamer Schock.

Dann folgte ich ihr: nach Kairo, wo die Menschen an jedem ersten Donnerstag eines Monats ihretwegen mit Transistorradios aus dem Haus gingen oder sich abends in langen weißen Gewändern in Geschäften versammelten, um ihr zuzuhören. Sie lauschten ihren Liedern, was vier oder fünf Stunden dauerte. Ich hörte den Nil stöhnen, hörte die menschliche Spezies gebären. In all dem Trennenden, das eine Welt zerbrechen und explodieren läßt, war sie, was wir an Einheit besaßen.

Ich folge ihr nach Kairo wegen ihres Todes. Am 5.Februar gehe ich zu ihrer Beerdigung. An ihrem riesigen Bild auf dem Zelt neben der Omar-Makram-Moschee, wohin der Menschenstrom fließt, der ihrem Sarg folgt, ist eine grüne Schleife angebracht. Darauf steht, sie sei die Märtyrerin der göttlichen Liebe. Ja, der Himmel ist hell, bewölkt. Die Menschen kommen von überallher, und es entsteht ein Geräusch wie von Bäumen im Wind. La Illah illa Allah, sagt die Menge. Die Armee war hier, aber sie ist wieder fort. Die Menschen werden zum Meer und verschlingen den Leichnam.

Und er treibt dahin, der kleine Sarg, verhüllt mit einem blau und grün schillernden Schleier. Die Menschen besitzen sie, und im kollektiven Gedächtnis tragen sie sie davon wie ein Schiff des Pharaos.

HAUS, MEIN ATEM UND FENSTER

Ein Haus ist ein Käfig, ein Denkmal, ein Mausoleum aller Reisen, ein Observatorium, der Bauch der eigenen Mutter. Meines ist jetzt voller Fenster, über einem Hafen. Es ist ein ängstliches Ding, nachts zittert es. Man fühlt sich unsicher darin. Seine Möbel kommen und gehen. Es ist nicht mein Haus, sondern das Haus meines Fernsehers. Die Welt kommt durchs Fernsehen herein und sitzt auf meinen Stühlen. Ich bin die Hüterin all dieser unsichtbaren Dinge. Ein Dichter ist der, der Wache hält vor den unbelebten Dingen dieser Welt. Und das erklärt, wie notwendig mein Atem ist. Wirf mir nicht vor, daß ich Gott kopiere. Wir haben noch eine alte Rechnung zu begleichen. Mein Atem schenkt Pflanzen Leben, und in einem speziellen Fall hat er einen Esel wiederbelebt. Ich nahm dem Tier die Krankheit und gab ihm meine Gesundheit.

Mein neues Haus hier ist aus Fenstern gemacht. Das Licht Beiruts fällt ein wie ein satter Fluch. Weiß weiß ist die Sonne. Das Weiß des Todes.

POLITIK

Meiner Ansicht nach war Yassir Arafat nur im Fernsehen. Für das Volk war er in New York. Ein Araber in New York sprach von Palästina. Seine Gesten waren die eines Indianerhäuptlings. Er war der wirkliche Führer eines wirklichen Landes. Er war auch der mögliche Führer eines möglichen Landes. Engel mit blutbefleckten Flügeln flogen im amerikanischen Himmel. New York ist der tiefe Canyon der Seele.

Unterdessen stöhnt Beirut und brennt. Doch nicht eine einzige Stimme ist zu hören wegen der zerrissenen Muskeln, der geblendeten Augen, der zigarettenverbrannten Gesichter, der mit Axthieben gebrochenen Rückenwirbel ... Es ist, als wäre aus Beirut eine anatomische Abhandlung geworden, die man in einem dunklen Winkel der Hölle liest.

Auf dem Weg zu äußerster Bewußtheit begegnet man, wie auf einer Bergstraße, dem Schmerz. Dann dreht man um, kehrt zurück und geht nach Hause.
Was wir Gedächtnisverlust nennen, die Unmöglichkeit, sich zu erinnern, ist in Wirklichkeit eine innere Taubheit, das Denken wird dabei durch eine Art Vorhang vom inneren Ohr getrennt; es ist ein Stromausfall.

Auf diese Weise entdeckte ich das Schreiben ohne Alphabet. Ein Zeichen nach dem anderen. Eine Wellenlänge nach der anderen. Die hohen Eukalyptusbäume waren das Maß.

Qualen. Abwesenheit. Die Abwesenheit der Zeit. Der klare Anblick des Meeres. Die grünen Augen des Ozeans. Die roten Gedärme, die der Pazifik besaß. Der warme Atem des Winds. Und die Stunde, die auf die Straße unter dem Balkon fiel, wie Regen, wenn die Lagune sich nicht bewegt. Daß es schmerzt, wo immer etwas lebt.

Die Sonne wohnt auf einer Insel in einem himmlischen Ozean. Ich gehe mit ungewissem Tempo. Ich trete gegen einen Stein, er rollt und tötet einen Passanten unten in der Schlucht. Ich weiß es. Ich kehre zurück zu einer Terrasse, weiß von verblichenen Farben. Die Sonne bleibt auf ihrer Insel. Oben auf einer Treppe, die von einer Mauer gestützt wird, erscheint ein Polizist, gefolgt von einem Krankenpfleger. Die Nadel, die dieser hält, kündigt meine Folter an.

Eine Stimme packt mich unten an den Füßen, wandert meine Beine hoch, macht an meinen Knien halt und beugt sie langsam, gleitet, wie ein Segel über den Nil, mein Rückgrat entlang und platzt in Millionen Zellen meines Gehirns. Ich bin eine Zauberschachtel.

Ich habe die Traurigkeit eines Meteors. Ich zähle einen Sonnenuntergang nach dem anderen. Ich werde zum Stamm eines wun-

denübersäten neuen Baums, auf dem Vögel ihre Stammesversammlungen abhalten. Fisch am Morgen, Vogel am Abend, Baum den ganzen Tag, bin ich nachts ein Fluß, der nordwärts fließt.
Ich muß dir außerdem sagen: Ich bin jedes Jahr ein Jahr älter. Doch es gibt einen Ort in einem Gegenuniversum, wo ich jedes Jahr ein Jahr jünger bin. Ich liebe Materie. Ich schwimme in Atomen, wenn ich im Meer bin. Sand bedeckt mich an den Stränden des Pazifik, und Nahrung besteht für mich aus elektrischen Teilchen. Ich liebe den Mond, weil er kalt und unfruchtbar ist, und ich liebe ein warmes Bad, wenn ich von ihm zurückkehre. Ich gehöre zu denen, die den Staub nicht aus weiblichem Gehorsam küssen, sondern weil er ein Teil der Erde ist. Und die dicken, dicken Wolken rutschen mir wie Bonbons die Kehle hinunter. Es gibt ein Geheimnis um mich: meine Beweglichkeit. Ich gehe stets schneller, als ich gehe. Deshalb bin ich mir selbst so fremd.

BILDUNG

Sie bringen den Kindern Gehorsam bei: Das ist Kastration. Sie bringen den Kindern die Namen von Städten bei, die verschwunden sind: Sie bringen sie dazu, den Tod zu lieben. Es sollte nur eine einzige Schule geben, die, in der man die Zukunft lernt ... ohne irgendwelche Schüler sogar. Angesiedelt in den Eingeweiden der Menschheit. Wo du sagen würdest:
»Wenn du aus deinem Kopf heraustreten und über die Felder laufen könntest, was würdest du tun?«
»Nichts.«
»Wie meinst du das? Wenn du aus deinem Kopf heraustreten und über die Felder laufen könntest, wohin würdest du gehen?«
»Nirgendwohin.«
»Wie meinst du das?«
»Das würde ich selbst gern wissen.«

EINE ANDERE PERSON

Es gibt für jeden von uns einen Feind. Er ist überall in unserer Nähe und bewohnt den Körper. John hat auch einen: Es ist seine Mutter. Er sitzt unter Luftwurzeln in dem riesigen Garten voller

Gummibäume, der der Familie seiner Frau gehört, und er vergleicht ihn mit einem amerikanischen Südstaatenanwesen.

Es ist heiß, und es ist Nacht. Wir reden vom Bürgerkrieg. Jeder gräbt in seiner Erinnerung, um das, was am schmerzhaftesten ist, hervorzuholen. John spricht vom Tod seiner Mutter. Er bekam sie mit der Post, eingeäschert und in einer Plastikschachtel. »Ich wußte nicht, was ich mit ihr machen sollte«, sagte er, »als sie in dieser Form nach New York kam. Ich kannte kein Beerdigungsritual. Ich mußte eines erfinden. Ich malte Blumen auf die kleine Schachtel, die ich nicht zu öffnen wagte, und warf sie in den Müll.«

Mein Feind ist Zamil. Sein Name kann auch bedeuten, daß er ein Freund ist. Ein blauäugiger Araber, der falkenartig auf meinem Schrank hockt. Manchmal raucht er eine Mixtur aus Opium und Aspirin. Er ähnelt außerdem meinem Vater, wenn er badete – rundum eingeseift, glitschig, unerreichbar. Wir gehen gemeinsam schwimmen, lieben uns unter den Wellen.

Ich bin eine Amöbe im dunklen Aquarium der Stadt, hangle nach Säuren, dehne mich, schrumpfe. Ich bin ein Fisch. Meine Schuppen scheuern gegen das Dach der Gebäude und werden zerfetzt. Meine Kiemen absorbieren alles Öl, das da im Wasser ist. Ich tauche immer wieder an die Oberfläche, aber der Himmel ist abwesend.

Hier, in diesem Wasser, lebt mein Feind, nicht im Himmel. Er ist nicht einmal ein Mensch; häufig ist er nur das Verrinnen der Zeit. Beirut ist zu geschäftig, um die Schönheit des Meeres zu kennen. Auch ist die Stadt zu grausam. Die grausamste Stadt der Welt. Deshalb wird auch sie zu meinem Feind.

DIE ERSTE PERSON

Ist sie eine andere Person? Dieser mein Feind hat kein Gesicht, keinen Namen, keine Gestalt. Nicht einmal einen Schatten. Doch er ist die absolute Gegenwärtigkeit. Wenn ich in die Küche gehe,

gehe ich mit großer Mühe durch ihn hindurch. Dann bewohnt er meine Brust. Dann wird er zur ersten Person. Ich meine »ich«.

»Ich« folgt dem Wind und dem Regen mit Zorn. »Ich« weiß, was es bedeutet, ein Araber zu sein: stolz, ohne Grund, erniedrigt, ohne Grund.

Die erste Person ist ein Affe, der in San Francisco, Paris, Marrakesch und Bahrein unterwegs war. In einem Käfig, ganz unten in einem Frachtschiff. Auch von Schlafzimmer zu Schlafzimmer, aber das ist eine spätere Geschichte. Eine Geschichte für Schlaflose.

Ich bin manchmal eine erste Person und manchmal eine dritte. Mein Körper übernimmt das Kommando und bewegt sich selbständig wie ein Planet durch die überfüllten Straßen einer arabischen Stadt.

Eines Tages wurde dieses »Ich« eine Palme. Ich hatte Schmerzen. Und Durst. Ich beherbergte Vögel und Spinnen. Ich dachte, meine Unbeweglichkeit sei ein Schicksal ohne die Möglichkeit, Berufung einzulegen. Doch der Frühling kam, und ich blühte nicht. Also begriff ich, daß ich kein Baum, sondern ein Mensch war. Das brachte meine beste Freundin zum Weinen.

HAUSHALTSÄPFEL

Bassimeh hatte etwas, das ein riesiger Fluß zu sein schien, riesig für das Kind, das ich war, riesig auch für das andere Kind, das darin ertrank. Wir nahmen, mein Vater und ich, den Zug Beirut-Damaskus. Eine Zwölf-Stunden-Fahrt für hundertzehn Kilometer, zum Kauf von Äpfeln. Der Zug hielt in Zabadani, und Kinder verkauften Papierkörbchen voller winziger Äpfel. Wir aßen sie einen nach dem anderen, bis wir im Haus meiner Tante in Damaskus ankamen, mit klebrigen Fingern und Fliegen um den Mund. Wir kamen betrunken an, rollten uns auf dem Teppich ein und schliefen unter dem weißen Moskitonetz. Draußen summte, wie üblich, die Hitze.

Heute starb ein Patriarch der Kirche. Eingeschrumpft in seinem Bett. Es tut mir nicht leid. Ich habe die Kirche immer gehaßt, weil ihre Priester über meinem Vater hingen wie Geier. Sie wollten seine muslimische Seele, und er focht einen tapferen Kampf gegen seine Bekehrung, und er verlor. Meine griechische Mutter stellte Kerzen an seinem Kopf auf. Sie verbrannte Olivenöl für die Jungfrau Maria. Aber er versteckte sich in der Kleiderkammer, um an Gott und den Wald zu denken und seine Gebete aus dem Koran zu sprechen. Als er dann eines Tages auf seinem Sterbebett lag, fragten sie ihn, ob er ins Paradies kommen wolle. Er sagte ja. Ich ging an sein Bett und sagte, er solle aufpassen. Er hörte nicht. Sie tauften ihn in aller Eile, und dann bekamen sie Angst. Zu jener Zeit hätte ganz Beirut in den Flammen eines Religionskriegs aufgehen können. Also bestatteten sie seine Leiche nach muslimischem Ritual.

Apropos Paradies: Meine Freundin möchte nicht ins Paradies, weil sie die Farben Blau und Weiß nicht mag und nicht mit Jesus zusammen herumwandern möchte, während ihr die Tauben, wie im Flughafen von Kairo, auf den Kopf kleckern. Also werden wir zur Hölle fahren.

Doch es gibt ein Jüngstes Gericht. Ich kenne das muslimische: Zwei Engel besuchen das Grab am Todestag, einer trägt eine Harke und der andere ein Eisengewicht. Ein dritter Engel erscheint und beginnt den toten Mann zu befragen. Wenn die Fragen zur Zufriedenheit des Inquisitors ausfallen, kommen zwei weitere Engel in Gewändern von blendendem Weiß. Sie heben den Leichnam hoch und halten ihn bis zum Tag des Jüngsten Gerichts.

Wenn der Inquisitor-Engel unzufrieden ist, werden die beiden ersten Engel herbeigerufen, der eine drückt den Leichnam mit dem Eisengewicht unter die Erde, der andere zieht ihn wieder heraus, und auch dieses rastlose Tun geht so fort ohne Unterbrechung bis zum Tag des Jüngsten Gerichts.

Doch welche Engel werden meinen Vater bis vor Gottes Angesicht begleiten, die christlichen oder die muslimischen?

GESCHÄFTE

William H. Gass weiß es nicht, aber Dichter leben in Handels-Außenposten. Sie verkaufen ihre Wörter, dann kaufen sie ihre eigenen Wörter mit ihrem Blut wieder zurück. Seit wir begonnen haben, einigen Nationen Öl zu verkaufen, ist der Bodenpreis auf Friedhöfen gestiegen. Sehr reiche Menschen können sogar zweimal sterben. Sie können es sich leisten.

Was mich betrifft, so habe ich Angst vor meinem ersten Tod. Er ist eine Hochzeit mit dem Unbekannten. Meine Freundin Carla träumte bereits davon. Eine Zeitlang haben ein paar von uns morgens nach dem Aufwachen immer miteinander telefoniert, um uns unsere Träume zu erzählen. Und eines Nachts im letzten September hatte Carla diesen Traum. »Sie sagten zu mir«, erzählte sie, »ich solle zu einem Friedhof gehen und nachsehen, wie die Toten begraben werden. Eine Frau mit langem schwarzem Haar saß auf einem Pferd. Sie war tot und hielt sich ein purpurnes Kissen vor den Bauch. Sie jagten ihr Pferd in vollem Galopp auf einen Wald zu, damit sie beim Aufprall auf die Bäume zu Asche würde und verschwände. Doch es funktionierte nicht. Also schleuderten sie die Frau und ihr Pferd gegen die Bäume, und wieder und wieder passierte nichts. Der Leichnam weigerte sich wieder und wieder, zu sterben.«

Also weiß ich nicht, wie ich in dieser Stadt, in der Geld und Tod eng miteinander verknüpft sind, sterben werde. Sie verkaufen den Tod in Beirut so, wie sie Wein in Frankreich verkaufen. Zum Vergnügen. Sie prügeln einen Gefangenen zu Tode, um an sein Hemd zu kommen, obwohl sie es auch so nehmen könnten. Doch es macht ihnen Spaß, ihn zu töten. Sie nennen es eine Transaktion.

Meine besten Freunde gehen jagen. Sie verkaufen die toten Vögel, kaufen Patronen, töten weitere Vögel. Die Frau, mit der ich in diesem Haus wohne, wartet auf Regen. Ich dachte, wir könnten Mineralwasser kaufen und das Dach sprengen. Den Regen kaufen. Der Winter ist faul. Es gibt Milliarden Menschen auf der Erde und Milliarden Dinge für jeden von ihnen. Wir haben ausgerechnet, daß jeder Mensch einen Dollar wert ist. Das ergibt eine Menge Dollars, die auf den Straßen herumlaufen, und ich werde mein Leben so beenden, daß das Ende mit Geld zu tun hat, so wie ich es mit Geld begonnen habe, weil meine Mutter die Hebamme bezahlt hat. Wenn ich sterbe, wer wird dann zahlen? Niemand wird Anspruch auf meinen Leichnam erheben, aber die Stadt wird trauern.

Fünfundzwanzig Jahre später

ORT

So habe ich (wieder und) noch einmal die Meere befahren und kam zu einer kleinen Stadt an der Bucht, in Kalifornien, wo ich im Schlaf Flugzeuge höre und Duke Ellington, nein, ich bin durcheinander, es ist Kay Davis, der *Lush Life* singt; ich höre Blumen im Garten wachsen.

WETTER

Wer hat den Jahreszeiten Zahlen zugeordnet? Es gibt eine Jahreszeit für die Liebe, eine für den Haß und all diese grauen Jahreszeiten, die wir wie Seiten umblättern und durch deren Blattwerk wir blicken, als wohnten wir in einer Strafanstalt, unter starren Decken, mit kleinen Fenstern und einer Menge Feuchtigkeit. Wir werden ohnmächtig und sterben an Jahreszeiten, nicht unähnlich den Leichen, die in Wüsten gefunden werden, gewöhnlich in unmittelbarer Nähe von Wasser.

MEIN HAUS

Als ich das Haus meiner Eltern verkaufte, ging mir erst auf, was ich alles damit hätte anfangen können. Erst als ich es praktisch schon weggegeben hatte, fühlte es sich wie meins an. Jetzt geht mein Geist darin um, und ich versuche ihn zurückzurufen, und er weigert sich, zu mir zu kommen: Von nun an werden wir getrennte Leben führen.

EINE PERSON

Sie kommt, morgens um sechs, und wirft mir die Welt vor die Tür. Das geht schon seit Jahren so, und ich habe sie immer noch nicht gesehen. Sie muß älter geworden sein. War sie überhaupt mal jung? Meine morgendliche Tasse Kaffee schmeckt nach Gift: Wehen jemals günstige Winde über dem arabischen Osten?

DRÄHTE

Vor mir liegt ein Berg, und ich kann sämtliche Färbungen des Wassers und der fernen Hügel beschreiben, die im Sommer rosa werden, doch jeder, der sich mit dem Paradies befaßt, weiß, daß immer irgend etwas einen Schatten auf unser Glück wirft: In meinem Fall sind es die Drähte, die meinen unmittelbaren Horizont durchkreuzen. Ich muß meine Augen einstellen, um durch sie hindurchzusehen ... tatsächlich gibt es Kriege, wo man sie am wenigsten erwartet.

DIE KIRCHE

Da Kirchen, Moscheen und Synagogen den Obdachlosen keinen Schutz bieten, entwickelte ich eine Abneigung gegen sie. Angehende Dichter sollten in ihren Kreativkursen an Dante schreiben und ihn bitten, er möge seine Hölle erweitern und Platz für diese veralteten Institutionen schaffen.

MEIN HAUS

Ich wohne in Cafés; sie sind mein eigentliches Heim. In Beirut wurde mein Lieblingscafé zerstört. In Paris wird Le Café de Flore regelmäßig von Touristen heimgesucht ... Ja, es gibt eines auf einer nördlichen griechischen Insel, das ich heimlich aufsuche. Weder das FBI noch die CIA können es finden. In meinem Kopf gibt es viele Häuser: Es ist zugig dort drinnen und laut, Engel diskutieren über Realität und Virtualität, während ich wie ein abgestelltes Paket bei Bugatti's sitze, nicht weit vom Ozean.

POLITIK

Da es nur eine Weltmacht gibt, einen Präsidenten, eine Ideologie, eine politisch korrekte Meinung und ziemlich bald auch nur eine Währung und Unisex-Geschäfte, läßt sich sagen, daß die Welt einen mystischen Zustand erreicht hat, die perfekte Verwirklichung des Monotheismus.

LEUTE

Wer behauptet, Tiere seien keine Menschen? Ich habe jüngst erst eine Woche mit Bären in der Volksrepublik des Sequoia-Nationalparks verbracht. Um Himmels willen! Habe ich jetzt eine Indiskretion begangen und ihnen die Geheimagenten der Regierung auf den Hals gehetzt?

WICHTIGE FAKTEN

Wo es Leben gibt, gibt es Akten: Mein afghanischer Kelim hat Streifen in einem Gelb, das aus Granatäpfeln gewonnen wird. Der marokkanische wurde im Süden von Meknes geknüpft. Ein Kirschbaum mußte für den Eßzimmertisch herhalten. Mein Bett steht im Schlafzimmer, mit Bettwäsche aus echter Baumwolle. An die Wand hänge ich einen indianischen Yei-Läufer neben ein kleines Gemälde von Russell Chatham. In der Küche bestimmt ein Toaster, rot und handgefertigt in England, das Bild. Über allem herrscht der Berg.

BILDUNG

Ich las Flauberts *L'éducation sentimentale* mit achtzehn. Die jungen Männer meiner Umgebung sahen nicht wie Flauberts Held aus und hatten deshalb keine Chance, meine Liebhaber zu werden. Jemand hat mir mal in Mexiko City erzählt, ich sei aufgewachsen wie Gras, und er wußte nicht, daß ich mir das gewünscht hätte.

GESCHÄFTE

Der eigene Körper ist das Kapital des Menschen. Brutaler Kapitalismus produziert brutale Pornographie. Farbige Frauen verdienen in ihren Heimatländern weniger als weiße Sklaven. All dies kann leicht errechnet werden, außer den Tränen, dem Kummer, dem Verfall.

MEIN HAUS, DIESER ORT UND KÖRPER

In Häusern sind mir die Fenster wichtig, ausschließlich und immer. Im Moment sehe ich einen Berg und im Vordergrund eine

Pinie, die sich wie ein geöffneter Schirm vor den Graten und Schluchten des Tamalpais-Bergs spreizt. Die Bucht wird langsam dunkelgrün, und die Boote werden grau. Dieses Haus scheint keine Wände zu haben.

DIESELBE PERSON

Dreimal hintereinander bekam er Krebs, doch er erwartete nicht, daß irgend jemand ihn bedauerte. Jedesmal machte er sein Testament und zerriß das sorgfältig geschriebene Dokument dann in winzige Schnipsel. Er starb vor kurzem bei einem Autounfall. Die Polizei klopfte an meine Tür und stellte Fragen. Ich habe ihn nie gesehen, log ich.

WETTER

Die zwei Dinge, die ich am meisten liebe, sind das Meer und das Wetter. Häufig vermischen sie sich, beeinflussen einander, produzieren seltsame Phänomene an der Küste. Wenn das Wetter sich über dem Meer ändert, beginne ich zu zittern. Die interessanteste Nachricht in der Morgenzeitung ist der Wetterbericht. Folgende Idee hatte ich vor einigen Jahren: einen VW-Bus quer durch die USA bugsieren, mit Sim und Laura Kleege in sämtliche Richtungen fahren und Wetterberichte verschicken. Oh, wir machten das ein paarmal und fuhren dann mitten in einem Schneesturm nach New York hinein. Von Lauras 34. Stock sahen wir den Schnee fallen und die Stadt allmählich ausradieren. Auf die weiße Wand, die so entstand, schrieben wir ein paar Zeilen und schliefen dann erschöpft ein. Zu einer unbestimmbaren Stunde wachten wir mitten in einem riesenhaften weißen Elefanten auf.

ORT

In einem der Klassenzimmer meiner Kindheit gab es zwei Seen, eingerahmt an der Wand. (Später lernte ich ihre Namen, aber das war unwichtig.) So kam es, daß die ersten Seen, die ich jemals sah, aus Papier (und in einem fremden Land) waren, doch sie hinterließen einen derart starken Eindruck bei mir, daß keine andere Wasserfläche, ob Ozean oder Quelle, meine Phantasie so sehr beschäftigt hat wie sie. Das war meine erste Reise nur mit den Augen. Ich segelte regelmäßig unter ihren Winden und kehrte völlig durchnäßt in den späten Stunden meiner privaten Nacht wieder heim.

LEUTE

In Italien liebe ich die Kultur der Armen, hinter der sich Gutwilligkeit und Höflichkeit verbergen. In dieser kleinen Stadt an der Bucht sehe ich keinen Hunger, keine Slums, keine obdachlosen Familien (die sind weggekarrt worden). Aber eine andere Art von Armut steigt an, breitet sich überall aus. Ich meine die moralische Armut: Die guten Menschen von Sausalito applaudieren jubelnd, wenn ihre Regierung große Teile des Irak wegbombt und abgereichertes Uran auf die Bevölkerung jenes Landes niederregnen läßt. Ihre Massenvernichtungswaffen sind die demokratischen, friedliebenden Boten der Neuen Ordnung: Raketen sind die neuen Propheten.

MEIN HAUS MEINE KATZE MEINE GESELLSCHAFT

Das Feuer meines Verstands verbrennt kleine Zettel. Ich liebe Dampf, Dunst, Nebel. Ich muß wohl entsetzliche Dinge verbergen. Meine Katze ist verschwunden. Hinten im Garten wurde sie vor kurzem von einer Ratte gejagt, und weil ich Zeuge der Szene war, fühlte sie sich gedemütigt. Latifas eigener Teller steht neben dem Mülleimer, wird regelmäßig mit Milch gefüllt und ebenso regelmäßig saubergemacht. Seit jenem Verschwinden, das ich gelegentlich negative Epiphanie nenne – weil Latifa zu einer Erscheinung geworden ist, einer ebenso lebhaften wie die *Erscheinungen von Cody*, und weil sie zwischen den Autoreifen auftaucht, wenn ich zu schnell fahre, und auf dem Dach, wenn es leckt –, seitdem also trage ich heimlich, unterm Herzen verborgen, eine neue Schuld, die mir den Anblick des Bergs trübt und meine Temperatur senkt. Wir haben das Haus in den Farben einer italienischen Villa gestrichen, im Glauben, das werde Latifa zurückbringen, da ihre Demütigung getilgt ist.

Mein Magen tut weh, wenn er Hunger hat, und lenkt mich von jeder anderen Beschäftigung ab: Das ist die Politik des Bauchs. Ich gerate auch in komplizierte Situationen. Letzten Monat kam während der starken Regenfälle ein Vertreter die Treppe hoch, um irgendwelche seltsamen religiösen Ideen loszuwerden. Ich holte schnell meine Pistole, für alle Fälle, dachte ich, und bei meinem sprichwörtlichen Ungeschick passierte etwas Schreckliches, die Pistole war plötzlich entsichert und schoß eine Kugel mitten in die Brust des Besuchers, der dadurch versehentlich getötet wurde. Ich rief an, und die Polizei erschien in Helmen (ich hätte schwören können, daß es sich um einen Trupp Football-Spieler handelte). Die (unerfreuliche) Leiche wurde vorsichtig fortgetragen. Ein Inspektor verwickelte mich in ein langes Gespräch, während ich allmählich verzweifelte, weil mein Anwalt immer noch nicht erschienen war. Er begann mit der Frage, was ich unter milden Fragen verstünde. Sie schreiben erfundene Geschichten, sagte er, und ich antwortete: Unsinn, was ich schreibe, ist Realität, was ich *tue*, ist Erfindung. Aber Madame, sagte er, Sie haben gerade auf einen Mann geschossen und ihn getötet, das ist doch nicht erfunden, oder? Ich erwiderte, daß ich niemanden erschossen hätte, daß ich mit Fug und Recht ängstlich und zittrig gewesen sei und daß die Pistole von ganz allein auf ein störrisches Ziel geschossen habe. Ich fügte hinzu, da niemand das Geschehen gesehen habe, nicht einmal ich selbst, weil alles so schnell ging, sei die ganze Geschichte pure Erfindung, ein Werk unserer Gehirne, eine fehlerhafte Schlußfolgerung. Hören Sie mal, sagte der Inspektor und bekam rote Flecken im Gesicht, Sie nehmen mich wohl auf den Arm! Ich bitte um Entschuldigung, warf ich eilig ein, Metaphern sind in meiner Nähe verboten. Als ich seine Verwirrung bemerkte, machte ich einen Vorschlag: Ich werde meinen guten Freund, Professor Friedman vom City College, anrufen, den Leiter der Aristoteles-Studien zu Wille, Ursache und Wirkung, und Sie können an seinem Seminar teilnehmen. Es wird Sie nicht viel kosten und Ihnen beim Umgang mit solcherlei Dingen helfen.

WEITERE WICHTIGE FAKTEN

Die Person, die im vorigen Abschnitt sprach, wurde in eine Nervenheilanstalt eingeliefert, aber einem guten Anwalt und einer Menge Geld gelang der Beweis, daß ihre Pistole die Kugel tatsächlich zufällig losgeschickt hatte.

BILDUNG

Hin und wieder gehe ich in meinen Garten, und das ist stets ein lehrreicher Ausflug, aber auch ein großes Vergnügen. Eines Tages sah der Salbei trocken und tot aus, und als ich ihm etwas Wasser gab, streckte er seine Zweige aus, als wollte er mir danken, und verströmte einen leisen Hauch seines Dufts. Ich erinnere mich auch an jene Zeit, als ich anfing, Unkraut zu hassen. Wütend riß ich alle möglichen kleinen Pflanzen aus, die mir schädlich, unberechtigt vorkamen. Alles was ich nach viel Mühe erreichte, war, daß ich Platz für resistenteres Unkraut schuf, das die Azaleen, Ringelblumen und Nelken erstickte ... (Ihr kleinen, kriegerischen Länder, nehmt euch in acht. Macht es den Superräubern nicht leichter, euch zu verschlingen!) Ich liebe meine Rosen. Sie erzählen mir, daß zur Liebe Dornen gehören, was ich gern früher gewußt hätte. Aber Gott behüte, daß ich mir von Rosen meine Bildung hole! Ich hatte einen Orangenbaum, den ich *La Callas* nannte: Er war eine lebende Oper. Sein Duft war ein Lied, sein Schatten ein Ort für Ekstase, und seine Früchte waren von der Natur geblasene Feuerbälle. Vor einigen Wochen sackte die Temperatur für wenige Stunden unter Null. Das reichte, mein Baum erkältete sich und starb, wie auf der Bühne, wenn die Musik verstummt ist und die Menschen gegangen sind.

GESCHÄFTE

Als ich sie einmal fragte, wo die Sonne aufgeht, antwortete sie ärgerlich, daß mich das nichts angehe. Jedesmal wenn sie später wütend auf mich war, sagte sie: »Jetzt wirst du wissen, wo die Sonne herkommt!« Das war natürlich meine Mutter, aber ich hatte trotzdem eine glückliche Kindheit ...

Während meines letzten Aufenthalts in Beirut, Libanon, hat mir – mehr noch als der Krieg mit seinen Verheerungen an Menschen und Dingen – das, was die Menschen zur Zeit ihren Gesichtern antun, Kummer bereitet. Face-lifting ist *das* florierende Geschäft in Beirut. Gesichter werden in einem beängstigenden Tempo verändert. Es hat etwas Dämonisches, wenn Chirurgen zum Beispiel einer kräftig gebauten Araberin eine französische Nase verpassen. Man könnte glauben, daß die Menschen sich für all die Grausamkeiten, die sie während der Kriegsjahre begangen haben, selber strafen, auch wenn sie das abstreiten. Sie bräuchten Veränderung, erzählen sie dir; wenn du nicht in ein neues Haus (oder eine neue Moral) einziehen kannst, zieh aus deinem alten Aussehen aus, modellier dir die Ohren neu, beseitige die Falten, setz die Augenbrauen hoch, spritz die Lippen auf, sprüh dir gelbe Strähnen ins Haar. Es kommt einem so vor, als trügen die Menschen ihre Totenmasken schon vor der Stunde, die ihnen das Schicksal zugedacht hat. Ja, das ist sie, die neue Technologie der Schönheit.

DIESELBE PERSON

Da es Zeit wurde, sich um den Garten zu kümmern, sah ich die Anzeigen der *Pacific Sun* durch und engagierte einen Gärtner. Er kam am nächsten Tag in einem klapprigen alten Lastwagen und mit einem breiten Lächeln. Ich mochte ihn sofort. Er sprach mit starkem Akzent. Wie heißen Sie, fragte ich, und er sagte: Aljoscha. Ich erklärte ihm, daß er mit so einem Namen auch, unter anderem, in der Lage sein sollte, meinen Orangenbaum wiederzubeleben. Ich muß sagen, daß er es versucht hat, und muß sagen, daß es ihm nicht gelang.

Wenigstens führten wir ein paar politische Diskussionen, meine Lieblingssorte Gespräch. Sie haben Rußland verlassen, sagte ich, warum?

– Ich habe als Kind *Voice of America* gehört.

– Warum, beharrte ich.

– Wegen der Musik. Wilde Musik. Trompeten und Posaunen.

– Die Trompeten und Posaunen haben Sie bis nach Kalifornien gebracht?

– Ich bin in Wladiwostok aufgewachsen, gar nicht weit von Alaska.
– Warum sind Sie nicht lieber nach Moskau gegangen?
– Kein Ozean in Moskau. Große leere Flächen, aber kein Ozean.
– Von meinem Garten kann man den Ozean nicht sehen.
– Ihr Garten ist nett, wie Großmamas Garten in Wladiwostok.
– Hm ... wollen Sie eines Tages wieder dorthin zurück?
– Nein, ich liebe die Vereinigten Staaten. Gute Regierung.
– Aljoscha, Sie stecken voller Illusionen ...
– Regierungen, die ihre Hauptstadt am Wasser haben, sind immer gute Regierungen. Washington ist doch nah am Atlantik. Es ist offen, offen. Ich werde es eines Tages besuchen.
Ich dachte bei mir: Keine zwei Wellen gleichen einander.

DRÄHTE

Stacheldraht sah ich zum ersten Mal im Kino. Movietone fällt mir ein: Die Vorstellungen begannen immer mit der Wochenschau, der Zweite Weltkrieg war in vollem Gange und schickte leuchtende Schwarzweißbilder aus den Kriegsgebieten in die Kinos von Beirut. Und so verfolgte ich auf der Leinwand Spitfires und Stukas, die wie Vögel herabstürzten, sah die englische Flotte die Wellen durchpflügen und alle möglichen menschlichen Wesen, die sich gegen Zäune aus Draht preßten: alte Menschen, Frauen von traurigem Aussehen, Kinder mit Gesichtern, die meins hätten sein können. Als ich Jahre später nach Kalifornien kam und ständig an wunderschönen, aber eingezäunten Farmen entlangfuhr, reagierte ich mit Angst, unfähig, den Krieg abzuschütteln, der mit diesen tödlichen Bändern aus gedrehtem Metall assoziiert war, damals, als gegen Ende der Verheerungen alles und alle einander ähnlich sahen, die Vertriebenen, die Überlebenden der Lager, Opfer und Eroberer, Zivilisten und Soldaten ... und eine Flut von Elend losbrach.

Doch dann wiederum, in unerwarteten Momenten, wenn der Kopf frei von Assoziationen ist und der Blick auf irgendwelche elektrischen Leitungen fällt, auf denen Vögel Rast machen, werden Drähte zu Wäscheleinen oder schlicht zu Zeichnungen; sie können Schrift sein.

WETTER

Der Frühling bleibt tödlich, wie rote Rosen. Er beginnt mit der zweiten Sonnenwende des Jahres und läßt die Pflanzen sprießen und unseren Schultern Flügel wachsen. Wir fliegen hoch über die Obstgärten, schwirren um die Berggipfel, laichen, verlassen Nester, verwickeln uns in Faustkämpfe, suchen nach vergangenen Leidenschaften, stechen in See. In Delphi riecht der Frühling nach Salbei; Olivenhaine wiegen ihre silbergrünen Massen. Wir sind kurz vor der Auferstehung der alten Mythen. Anderswo am Mittelmeer werden Büsche kampflustig, blutet Mohn, wetteifern Zyklamen mit Schmetterlingen darin, das Licht einzufangen. Es ist die Zeit, in der das Wetter uns wie ein warmes Bad umhüllt.

Es gibt auch anderes Wetter. Ein Schneesturm hat Reisende in den North Plains vollkommen verschluckt und Cowboys und Kühe in das wütende Tosen geworfen. Sie wurden kilometerweit von ihren Ställen fortgetrieben und stürzten, schwer und tödlich. Das Wetter ist reiner Wille der Materie.

Auf der Golden Gate Bridge kann man an Februartagen Ekstasen erleben: Die Luft ist frisch und macht uns schwerelos. Unsere Gedanken sind stillgestellt, wir werden zu reinem Leben.
Wir sind Schwämme und saugen das Wetter, unseren Lebensraum, auf. Wenn ein Schatten unter der Sonne entlangsegelt, segelt er auch über unsere Augen. Nebel begünstigt die Erinnerung, und Regen verändert unser Zeitgefühl.

ORT

Ich war zentral und wurde peripher. Meine Füße waren an den Boden angepaßt. Wenn ich schwamm, produzierte mein Körper Ringe aus Wasser. Wen ich nicht kannte, der existierte nicht … Ich trug meinen eigenen Raum mit mir und sah furchtlos hinaus. Was geschah dann? Es geschah, daß ich allmählich *lernte*, daß mein Bett meiner Mutter gehörte, sie hatte es gekauft, daß ein Gummiball nicht mehr hopste, wenn ich eine Schere hineinbohrte; ich sah meine Puppe Haare verlieren, hörte die Nonne in der Schule eine Lüge erzählen; dann, als ich neun oder zehn war, wechselte meine Freundin Helen die Schule, und ich besaß ihre Gegenwart nicht mehr ... ich bräuchte noch ein zweites Leben, um alles zu erzählen. Was machte ich also? Ich zog von Stadt zu Stadt, reiste von Person zu Person, und dann versuchte ich, mich durch Schreiben zu definieren, aber das funktioniert nicht, nein, ganz und gar nicht, es fügt der Erfindung, zu der ich wurde, weitere Erfindung hinzu, und von dem Ort, an dem ich mir meiner absoluten Wichtigkeit bewußt war, gelangte ich zu einem umnebelten Olymp, den die Götter und Göttinnen längst verlassen hatten. Ich befinde mich in einer verwirrenden Wildnis.

LEUTE

Einst wollten sie die Revolution, die Armen und die Reichen, doch ich gebe zu, daß damit unterschiedliche Dinge gemeint waren; trotzdem wurde sie von allen herbeigesehnt. In meinen Beiruter Tagen trafen wir uns zu endlosen Sitzungen in Cafés voller Spitzel, aber das kümmerte uns nicht, wir unterhielten uns laut, so daß alle mithören konnten. Wir waren töricht und mußten dafür zahlen. Menschen wurden ermordet, als wären sie Fliegen, und wir träumten weiter und glaubten, jede Niederlage sei ein Schritt zum Sieg. Dann war plötzlich die Luft raus aus der ganzen Welt. Sie lag platt auf der Nase. Wir sangen mit Scheich Imam *Guevara ist tot, Guevara ist tot.* Beerdigungszüge vermehrten sich. Wir folgten ihnen. Wir glaubten, wir müßten durch den Tunnel des Todes, um neu leben zu können. Herrliche Häuser fielen; die meisten stürzten über ganzen Familien zusammen, die beim Abendessen saßen. Jede Gruppe schien rauszuwollen. Jedes Kind wollte ein Disneyland. In Vietnam wurden Kinder mit Feuersalven aus Rohren verbrannt. Wir glaubten, eines Tages könnten sie ein glückliches Leben führen, und meinten die wenigen, die überleben würden. Die Hoffnung wurde, wie ein Lauffeuer, durch die Winde des Kriegs angefacht. Eines Tages stellten wir fest, daß der Bananenpreis im Herkunftsland nicht stieg, sondern vielmehr bröckelte. Es war überall dieselbe Geschichte, Flüchtlinge warteten in ihren Zelten, politische Gefangene starben bei Hungerstreiks.

Während die revolutionären Hoffnungen sanken, stieg der Wohlstand in der westlichen Welt ... die Menschen waren verblüfft. Das Böse wurde von Gott nicht bestraft. Einigen ehemaligen Revolutionären gelang es, der Partei der Reichen beizutreten. Sie reisten in die Südsee, kauften Häuser, spielten Klavier. Sie hatten Erfolg ohne die Revolution und schlossen daraus, daß jede Form des Nachdenkens für das Wohl der Menschheit überflüssig sei. Sogar die Idee der Menschheit wurde verdächtig.

Vor Jahren waren mir nicht irgendwie seßhafte Menschen so fern wie Berge. Ich konnte mir nur schwer vorstellen, wer sie waren und wofür sie lebten. Ich hatte selber keine Antwort auf diese Fragen, aber ein seltsames Gefühl der Freiheit, so als wäre ich nicht ganz menschlich, ich fühlte mich wohl, oder richtiger, ich wurde eins mit der Bewegung der Luft, schwebte, marschierte auf trockenen Blättern und Luftballons, nahm Taxis nur, weil sie mich anstarrten, folgte manchmal Fremden und schützte mich dann mit meinen Armen oder wahrscheinlich eher mit jener Art Unschuld, von der man selbst nicht weiß, daß man sie besitzt.

Damals wirkten die Menschen freundlich, durch den Dunstschleier meines Herzens, durch ihr Nichtvorhandensein. Jener leere Raum, den ich im Innern trug, war mein Schutz, solange ich kein Geld besaß, auf das ich zählen konnte. Wie ich es damals schaffte, Jazzkonzerte zu besuchen, weiß ich nicht. Ich stellte mich immer lange an die Tür und ging dann ganz plötzlich hinein, setzte mich und hörte zu. Ich fand es herrlich, mit den Fingern die kalten Getränke zu spüren, die wenigen, an denen ich nippte. Und diese Klänge! Der Eintritt ins Paradies war einfach gewesen. Wenn Thelonius Monk für ein paar Dollars für dich spielte, wärst du dann nicht überzeugt, daß du zur richtigen Zeit mit den richtigen Leuten zusammen bist?

HAUS, MEIN ATEM UND FENSTER

Hotels sind die Gebäude unserer Träume. Ich ziehe sie Häusern vor. Wenn ich an einem vorbeikomme, meinetwegen in Italien, schlägt mein Herz, und ich frage mich, ob mein Leben nicht einen gänzlich anderen Verlauf hätte nehmen sollen. Die Hotels von San Francisco regen meine Phantasie am stärksten an: nicht die großen Paläste, nein, das sind Mausoleen. Sondern die kleinen, schwer zu findenden, versteckten, unordentlichen und schäbigen Hotels, die die Desperados des gesamten Kontinents beherbergen; sie sind poetische Verse aus Schleim, Todeswünschen und Niederlagen. Dennoch haben sie eine eigenartige, hypnotische Ausstrahlung. Ich bekomme dort Fieber, höre Musik aus der Nachbarschaft, gebe mich nach Lust und Laune als Mann oder als Frau; in solchen Momenten zählt nichts außer der Notwendigkeit, einen gelebten Tag an den anderen zu reihen, bis, bis was, bis der Horizont implodiert. Diese kleinen Hotelzimmer, deren Fenster oft beschädigt oder zerbrochen sind, bringen mich dem Wetter näher, ins Gespräch mit dem Nebel.

POLITIK

Von den eisernen Tischen des Außenministeriums wird göttliches Feuer auf Bagdad geworfen, und Zerstörung der uralten Gesetze des Hammurabi wird verfügt. Die Geschichte setzt ihren Weg fort, kreisförmig, kugelförmig, sie umrundet den Verstand wie die Erde die Sonne. Du kannst bis ganz nach Sydney, Australien, gehen, der Himmel wird dort anders sein, doch der Terror ist derselbe. Für uns beginnt jetzt das Ende eines Jahres, eines Jahrhunderts, eines Jahrtausends: Was für eine Formation von Planeten! Die Politik des Herzens ist komplizierter, sie wird mit Vorsicht behandelt, sie ist explosiv. Wir ignorieren sie, so gut wir können, aber sie quält und versengt uns mit einem ebenso tödlichen Feuer.

Aus der Asche des physischen Herzens steigen Erinnerungen, die über ein Eigenleben verfügen, und das nennen die Menschen ›Stimmen‹. Von Madrid bis Beirut wirst du – welchen Weg du auch nimmst, ob nach Norden oder nach Süden – jungen Mädchen begegnen, die, den Kopf auf die Arme gelegt, an Cafétischen weinen, weil der Vater ihren Liebsten fortgejagt hat. Kleine individuelle Rebellionen werden in dieser Art Krieg niederer Intensität erstickt.

Wir sind uns selber Fremde, das steht fest, wieso unterzeichnen wir dann aber unsere Briefe oder juristischen Dokumente, tragen Papiere bei uns und benutzen fixe Ausweisnummern? Wir spielen doch Spiele, *Spiele*, die mit Bildern und Geld zu tun haben.

Jede sorgfältig ausgearbeitete Landkarte macht deutlich, daß es kein unerfaßtes Stück Land gibt, daß man nirgendwohin entkommen und ein anonymes Leben beginnen kann. Wir gehen natürlich nach innen, doch dort merkt man, daß die ›äußere‹ Welt ansteckend ist, daß innere und äußere Regionen durchlässig und oft ununterscheidbar, wenn nicht sogar austauschbar sind … Jene alten Probleme geraten aus der Mode: das Subjekt, das Objekt … all das ist Unsinn. Ich wüßte gern, was Tiger von uns denken: unbeholfen, mit Kleidungsstücken behängt, gelähmt vor Angst? Bemitleidenswerte Wesen, das sind wir; aber immerhin sind wir zum Mond geflogen, oder?, wir haben Engel in ihrem Flug überholt, wir vermessen das Universum, und hier wird es zirkulär: Mit dem Maßnehmen bringen wir dem, was wir messen, den Tod.

Die Sonne der Kindheit bleibt für immer jung, ein Feuerball, der allem, was er berührt, Substanz verleiht. Dann folgt die Erkenntnis, daß wir es nur mit einem außer Kontrolle geratenen Atomreaktor zu tun haben, und Niedergeschlagenheit zieht in unsere Knochen … wenn aber die Sonne verschwindet, was machen wir dann mit all diesen Museen, Archiven, gelagerten Filmen, all den Daten, die sich in den Heiligtümern zukünftigen Vergessens stapeln? Und dennoch, wenn wir keine Illusionen hätten, wären wir nie ins Kabarett gegangen und hätten nicht für ein Glas Bier alles hergegeben, in diesen seltenen Momenten, in denen wir alles richtig machten.

Ich liebe den Mond immer noch. Ein Elend, daß er verschwinden wird. Jüngst sah ich ihn nachts über Angel Island, wie er mit weit geöffnetem Gesicht die Aussicht betrachtete und das Wetter in sich aufnahm. Emsige japanische Heringsboote leerten die Meeresgewässer, und es war mir völlig egal, weil der Mond da war, ganz nah, ebenso glücklich wie ich, ebenso verwundert über soviel Schönheit, seine eigene, meine ich. Er ist ein langjähriger Freund, ein altgedienter Teilnehmer unserer Gespräche, so vertraut, daß er die Welt zähmt, sie zur Heimat macht.

BILDUNG

In manchen Momenten habe ich das Gefühl, daß die gesamte Masse des Planeten Erde meine eigene ist, daß wir ein und dasselbe sind. Die Luft ist auch unser, wem sonst sollte sie gehören? Und auch das Jüngste Gericht wird unser sein, wenn der Verstand die andere Seite seiner eigenen Realität sehen wird. Natur ist überall, in den Schiffen im Hafen ebenso wie im Death Valley, in Glühbirnen, Pflanzen und Würmern. Doch Natur geht auch durch uns hindurch, füllt uns, durchdringt uns wie Strahlung; ist wahrscheinlich ein enormes Bündel von Strahlkraft unterschiedlicher Dichte, das die Unendlichkeit umfaßt, und Unendlichkeit gehört zur Definition von Natur, eine *innere* Unendlichkeit, die sie, im Rahmen unserer Logik, zu einem Nichts reduziert. Wir können ihr weder in ihrer Unermeßlichkeit noch in ihrer Vergänglichkeit folgen.

Worüber denken wir dann aber nach?

Denken würde ohne Erinnerung nicht funktionieren, denn selbst die Gegenwart ist Erinnerung, die sich ihrer selbst bewußt ist. Wir möchten, daß unsere Erinnerungen sich mit der Welt verbinden, daß sie etwas Gegenständliches sind, zu dem wir nach Belieben zurückkehren können, und nicht das, was sie tatsächlich sind, elektronische Bilder, flüchtige Wellen, ungewisse Besuche aus der Vergangenheit, ewig-neue Schöpfungen unseres Gehirns.

Das ist wahrscheinlich der Grund, weshalb wir (als Gattung) das Schreiben erfunden haben: um uns selber mit der Illusion – und dem Trost – zu belohnen, daß bestimmte Dinge, bestimmte Verstandesoperationen im Vollzug festgehalten und in tiefgekühlt gelagerte Materie umgewandelt werden. Das würde auch erklären, wieso jede beschriftete Seite wie ein Gitter aussieht, wie die Wand eines Käfigs, wie ein Schirm. Linien werden leicht zu Drähten, zu Stacheldrähten, die die Gedanken vorm Überlaufen, Insassen vorm Entkommen bewahren.

Doch die Wirklichkeit entkommt.

Das Schreiben zog eine neue Linie ins Fleisch des Seins; es ist nicht nur ein Werkzeug, sondern eine Art und Weise, die Wirklichkeit wahrzunehmen, es ›entdeckte‹ einen neuen Sinn (zu Tastsinn, Gehör … dazu); das Schreiben wurde nicht durch das Geschriebene versklavt, der erste Akt des Schreibens war eine Mutation.
Der Verstand arbeitet mit Introspektion, wie das Kino, er filmt sich selbst und projiziert (gleichzeitig) die Ergebnisse auf seine inneren Wände. Er verschiebt diese Grenzen (testet sie) ständig. Sie ähneln den unsichtbaren, virtuellen Linien, die Strömungen im Ozean und solche in der Luft voneinander trennen – Grenzen, ebenso beweglich wie zäh.

Wir haben es mit einem wahren Passionsspiel zu tun. Das Schreiben (écriture) hat notwendigerweise von Anfang an zu weiträumigem Experimentieren mit Sprache, Sprachen und Poetiken geführt. Das wiederum hilft dem Verstand, wenn er gegen seine elastischen Grenzen anrennt, wenn er diese Grenzen prüft, sie unter Druck setzt und derart seine eigene unabschließbare, labile Definition zu finden versucht.

EINE ANDERE PERSON

Zu Beginn des Kriegs sah er noch gut aus. Er gründete eine Miliz und verteilte Aufgaben, Gewehre, Spezialaufträge. Einige seiner Männer trafen ihr Ziel, andere starben, platt auf der Erde, mit ausgebreiteten Armen. Er, mein Freund, machte weiter mit Töten und ›Befreien‹, bis alle Seiten geschlagen waren. Er kehrte mit zwei fehlenden Fingern nach Hause zurück, lebte allein, da er keine Zeit zum Heiraten gehabt hatte, mit einem Kruzifix über seinem Bett, einer winzigen Küche hinter seinem Wohn- und Lebenszimmer. Seinem Sterbezimmer.

DIE ERSTE PERSON

Kann eine Frau sich an irgendein erstes Mal erinnern?

Es ist stets so ozeanisch. Es hängt immer alles miteinander zusammen. Wo ist die erste Katze, wo sind ihre Jungen? Meine ersten Pantoffeln? Der kleine Junge, der mir einen Gutenachtkuß gab, als er zu Gast (ein Waisenkind) war, wo oder wer ist er jetzt? Ich weiß nicht einmal mehr genau, wie er hieß.

Es gab einen Typ in Beirut, der hinter meinen halb geöffneten Fensterläden Zigaretten rauchte, während der Duft der Myrtenbeeren von einem Luftzug ins Zimmer getragen wurde und die Lampe seinen Schatten an die Steinmauer der kleinen Gasse warf. Warum hat er nie mit mir gesprochen? Wir müssen große Angst voreinander gehabt haben …

Und es gab einen Fremden, der regelmäßig nach Hause kam. Wann hatte es begonnen? Ich ging da noch nicht zur Schule …

Ich mochte ihn überhaupt nicht. Meine Mutter bat mich, ihn ›Onkel‹ zu nennen, aber ich weigerte mich und ließ mich auch nicht umstimmen. Eines Tages, daran erinnere ich mich deutlich und scharf, erschien dieser Nicht-Onkel in einem riesigen, blitzenden Wagen, nichts als Chrom und Glas und glänzende schwarze Türen, und unser Haus vibrierte vor Aufregung, und ich stand lange am Fenster und sah diese Maschine an, und am Ende seines Besuchs fragte er meine Eltern, ob er einen Ausflug zur Corniche mit mir machen dürfe, und sie sagten ja, und wie ich später hörte, fuhr er einen der ersten Buicks der Stadt, fuhr ihn am Meer entlang, die Corniche war damals mit Palmen bepflanzt und roch nach Algen und Salz, und ich fühlte mich erwachsen, und wir kehrten nach Hause zurück, und er setzte mich auf seine

Knie und sagte: »Und wirst du mich jetzt ›Onkel‹ nennen?«, und ich sagte: »Nein!«

HAUSHALTSÄPFEL

Ein paar verrotten jetzt in der Küche. Äpfel sind keine gewöhnlichen Früchte. Sie wachsen in sämtlichen Mythologien. Man kann mit denen, die vollkommen rund, tiefrot und glänzend sind, Billard spielen. Sie rollen auf Cezannes Servietten. Sind sie eßbar? Als Kind arbeitete ich mich durch endlose Körbe, in einem Garten am Fluß, in Bassimeh und in dem Tal, das nach Damaskus führt. Ein Biß, und der Apfel wurde weggeschmissen, und ein neuer wurde angebissen, und immer so weiter. Ich schlief damals eingehüllt in ihren Duft, benutzte sie als Steine, um die Ziege fernzuhalten, die Ziege, die wir schließlich im September aßen. Diese Äpfel waren winzig und dufteten stark. Sie hatten einen Namen, so wie Menschen, sie hießen Zabadanis. Ich rieb mir immer das Gesicht mit ihnen, um etwas von ihrem Rot zu übertragen, und reihte sie entlang den Eisenbahnschienen auf. Ein gutes halbes Jahrhundert später pflanzte ich in meinem Garten in Sausalito einen Apfelbaum. Er mag keinen Nebel, aber er lebt. Ein paar Blüten, ein paar Äpfel jedes Jahr, wir verstehen einander.

KIRCHE

Mein Streit mit der Kirche ist schon so alt, daß ich oft denke, ich hätte einst im Spanien der Inquisition gelebt. Doch hin und wieder gehe ich in eine griechische Kirche und höre die Stimme meiner Mutter, die sich mit anderen Stimmen und Geräuschen mischt ... Ich betrachte die griechische Jungfrau, immer mit einem Kind, immer mit starrem, fragendem Blick, und irgendwie beziehe ich mich auf sie, ich statte ihr einen Besuch ab, ich sage zu ihr: Bleib, wo du bist, geh nicht in das Chaos da draußen, das hast du nicht nötig, und ihre weit offenen, wilden Augen schenken mir Trost.

GESCHÄFTE

Einige Menschen, wahrscheinlich die meisten, sterben viele Male ... nicht jedes Mal für ein besseres Leben. Sie haben einen Heiligenschein, als sichtbare Erinnerung an die dunklen Zonen, die sie betreten haben, an jenes Hinüberwechseln, jene Selbstauslieferung.

Ich bin immer noch auf der Suche nach einem Klima, das mir das Gefühl von Erneuerung schenkt; nach einer zermarterten Landschaft, deren Winde mir ihre Geschichten erzählen. London lockt mich als ein Ort für Vergnügen und Abenteuer, aber wenn ich dort bin, denke ich an Italien mit seinen Städtchen, seinen ausgemalten, mit Fresken geschmückten Kirchen, seinen Geheimnissen. Dieses Land kommt der Verkörperung eines Ideals sehr nahe, aber nicht lange. Aus schierer Verzauberung begebe ich mich in die syrische Wüste, treffe aber auf Lastwagen. Einmal war ich beinah schon in Afghanistan, machte aber halt an seiner westlichen Grenze. Ich nahm ein Flugzeug, nur um über Macchu Picchu zu fliegen, und geriet vollkommen aus der Zeit, ließ meine Seele – und ihre Erinnerungen – hinter mir. Es folgte der Nachthimmel. Zurück auf der Erde war ich eine Person, die keiner kannte.

Betten, Teppiche, Gabeln und Messer, alles was man tauschen oder verkaufen kann, ist überflüssig ... Beim Geschäft des Lebens geht es darum, nicht dort zu sein, wo man ist.

Weiter …

ORT

Was Ozeane betrifft, so befuhr ich ein paar, dann flog ich darüber, über meine eigene Geschichte, zu einer kleinen Stadt in Mexiko, wo ein Matrose besonders gut aussah, und entdeckte eine Bar und begegnete dort einer Frau, die zwischen zwei Menschen stand, einem Ausländer, der zuviel trank, und einem jungen Mädchen, die sich sowohl zu ihr als auch zu dem leisen Wind draußen mit dem Geräusch des Ozeans, der den Strand berührt, hingezogen fühlte.

WETTER

Es gibt Tage, an denen der Sturm nicht losbrechen will. An solchen Tagen bilden sich Schmerzen in meinen Gliedern, sie benehmen sich wie Geister mit eigenem Willen, und ich bin hilflos gegen diese Invasion. Einst durchquerte ich einen Garten, riesengroß und mit Tulpen von weinroter Farbe bepflanzt, die zwischen schillernden blauen Blumen standen, auf deren Blättern noch Tau lag. Ich dachte: An einem solchen Tag blickte eine Person der Geschichte, der ich besonders verbunden bin, auf diesen Ort und begrüßte diese Art Wetter. Sie war eine im Ausland geborene Königin von Frankreich, in mörderischer Zeit. Später wurde sie vom französischen Königsthron vertrieben, zog umher und starb in Köln.

MEIN HAUS

Ich kaufe mir oft Bücher über Häuser und beziehe dann, Seite um Seite, verschiedene Apartments oder Wohnungen, bei denen ich mich frage, ob gläserne Wände uns von der Natur trennen oder ob sie dazu gedacht sind, daß wir uns eins mit den Bäumen fühlen. Meine Lieblingsbäume in der Nachbarschaft von Häusern, Hütten, Schuppen … sind Eichen.

EINE PERSON

Menschen sind da, um zu betrügen. Es gibt eine Person, die mich zu Tode liebte, nicht bis zu meinem Tod oder zu ihrem, sondern bis zum Tod einer Person, die ich liebte. Und so machte mein

Groll mich sprachlos, als jene Person alterte. Ich ließ sie raten, wieso ich zornig war, und das war Strafe genug. Ich wüßte gern, wer das häßliche Wort ›Strafe‹ erfunden hat; wahrscheinlich war es Gott, der beides eingeführt hat, das Wort und die Tat.

DRÄHTE

Eine gerade Leine, wurde mir beigebracht, sei gut zum Wäscheaufhängen, aber ich sah Drähte, die krumm waren und für Dornenkronen benutzt wurden. Ich sah auch einen Käfig aus Drähten, die einen Kanarienvogel vor Raubtieren schützen sollten, vor Katze und Hund. Eines Morgens war der Vogel an Wassermangel gestorben. Ich hatte am Abend vorher den Garten sehr gründlich gewässert, aber vergessen, die kleine Schale mit dem kostbaren Wasser zu füllen, das er brauchte.

DIE KIRCHEN

Am Sonntag läuten Glocken, und Frauen in Schwarz werden von einem weißen Gebäude verschluckt, das ich nie betrete. Wenn diese Geschöpfe aus der Kirche kommen, machen sie dasselbe Gesicht wie vorher, und sie duften nach Weihrauch und Wachs. So ist es, auf dieser Insel und anderswo.

MEIN HAUS

Das Faszinierende an Hotelzimmern ist eine gewisse Einsamkeit, die mich manchmal in ihnen überfiel und die mich jetzt noch heimsucht. Wie konnte ich nur jenes Gefühl von Leere, Entwurzelung, Überflüssigkeit aushalten, das mich mehr als einmal in Städten wie Paris und New York beherrschte? Wie konnte ich nur jene Mauer aus Nichts erklimmen, die mir den Ausblick auf einen möglichen nächsten Tag eröffnen sollte? Aber Häuser können viel schlimmer sein, sie können durchlöcherte Körbe sein, aus denen das eigene Leben tropft und im Rinnstein versickert. In einem Buch entdeckte ich zufällig, wie fasziniert Thoreau von dauerhaften Gebilden war. Der Wald, das Boot, die frische Luft reichten nicht, um ihn heiter zu stimmen … ständig war er auf der Suche nach einem Haus!

POLITIK

Fernsehen wirkt anders als Kokain: Es verblödet den Geist und macht aus der Welt eine Art Comic. Kindern sind Schwänze gewachsen, sie fragen, ob sie in Disneyland auftreten dürfen, und die Eltern sind sofort einverstanden. Bald wird es Regierungen (ich meine die wenigen verbliebenen) nicht mehr schwerfallen, einen sich leerenden Planeten zu verwalten.

LEUTE

Durch gründliche Forschung wurde bewiesen, daß Menschen die Welt verpesten und, da sie selbst Teil der Welt sind, auch sich selber … Wahrscheinlich leben auf anderen Planeten körperlose Menschen, und wir möchten unbedingt mit ihnen in Kontakt kommen. Sie werden keine Oliven, kein Brot und keinen Mercedes-Sportwagen brauchen … und ich bezweifle, daß unsere Ideen für sie von Interesse sein werden … vielleicht haben sie bessere oder überhaupt keine. Wer weiß?

WICHTIGE FAKTEN

Ich habe eine solide Beziehung zum Universum aufgebaut. Da bin ich mir sicher. Ich bewege mich frei zwischen Sonne und Mond, ich gehe noch weiter, ich stürze mich in schwarze Löcher und tauche heil wieder auf. Ich reite auf Kometen, zähle Galaxien. Ich bin auf du und du mit Lichtjahren, und all das, seit ich in Sekundenschnelle zum Rand des Universums gereist bin und die seltsame Bewegung, die ich, dort angelangt, erlebte, ahnungsvoll für den Beginn eines Chaos hielt.

BILDUNG

Ich denke oft über das Wasser nach: Ich kann es nicht für längere Zeit in der Hand halten, nicht mit dem Messer schneiden und nicht begreifen, wieso es so fröhlich fließt. Wir glauben, daß etwas sicher sei, aber dann fehlt eine kleine Schraube, nichts funktioniert, der Verstand weiß keinen Rat. Wenn ich jedoch das Wasser *liebe*, fällt es mir nicht schwer, seinem Wesen nahezukommen.

GESCHÄFTE

Wer in kürzester Zeit Milliarden von Dollars verdient, hört auf zu essen, zu trinken, zu vögeln, Blumen zu kaufen … er verbringt die Zeit mit Träumen von noch mehr Geld.

Einige träumen nicht, sie töten. Ich bin solchen Menschen in einem Restaurant im 15. Arrondissement von Paris begegnet. Eines Abends war ich in diesem speziellen Lokal, das für gutes Essen bekannt ist, und an einem Tisch saßen drei schöne Frauen und ein Mann, den ich wiedererkannte, da ich ihn in der Zeitung gesehen hatte … und zwar ziemlich oft. Er trug das Haar an die Schläfen geklatscht und Make-up auf den Wangen … Er sprach mit dem Akzent eines nordafrikanischen Landes, das ich kenne, und verströmte viel Gift. Ein Tisch an einer Wand des Restaurants war mit ›Leuteguckern‹ besetzt, und sie fühlten sich in der ersten Reihe und zeigten das, indem sie laut waren. Ihre Heiterkeit war ekelerregend. Links vom Eingang bemerkte ich drei Kerle, drei Schlägertypen … Sie hatten übervolle Teller vor der Nase und genossen ihr Essen demonstrativ. In meinem Magen grummelte es. Sie waren offenbar Leibwächter und mit Sicherheit bewaffnet. Das hier war kein Jagdrevier, aber der Ort hatte alles, was nach Überresten einer Jagd aussah.

MEIN HAUS, DIESER ORT UND KÖRPER

Die Sonne scheint mühelos durch meine Fenster, da sie weit offenstehen. Ich versuche, das Licht zu berühren, doch es verschwindet im selben Augenblick. Das einzige, was mir gelingt, sind Schatten mit meinen Fingern. Dann denke ich, daß die Welt woanders ist, in Mexiko, in Indien … Wieso sollte sie immer an einem Ort mit Namen sein? Wieso sollte sie *überhaupt* sein?

DIESELBE PERSON

Bin ich mein Körper und/oder meine Seele, und definiert ein Engel uns anders? Aber wenn ich Schmerzen habe, wann immer ich wach bin und wohin ich auch gehe, wird die Frage ernst. Ausgeprägte Selbstbeobachtung ist nicht immer ein Segen.

WETTER

Ich lande immer bei meinem Lieblingsgegenstand: dem Wetter. Seit meiner Kindheit höre ich es gern donnern, denn es gibt nichts Eindrucksvolleres. Ich habe auch immer den sanften Regen geliebt, seinen Sexappeal ohne Sex … kein eifersüchtiger Liebhaber hat auch nur die geringste Ahnung von dieser Konkurrenz. Wenn eine Wolke an einer anderen vorüberzieht, zittere ich, und wenn ein blaues Loch durch einen grauen Himmel bricht, schwinge ich mich wie ein Engel empor.

Es gibt Regen, der tödlich ist: Er kündigt eine apokalyptische Kernschmelze an, die Selbstzerstörung des kosmischen Ozeans. In solch einem Regen verlieren wir jede Orientierung, denn es entstehen Lachen und Teiche, in denen alle Besonderheiten ertrinken. Er stößt uns zurück in unsere Abstraktionen, und in diesem jämmerlichen Zustand irren wir durch Städte und tragen die Kenntnis dieser Katastrophe als Gepäck mit uns. Hotelangestellte werden mißtrauisch und weigern sich, uns einen Schlüssel zu geben. Wir halten uns eine Weile in einem Bahnhof auf, und dann überlegen wir es uns anders, kehren in die Stadt zurück und laufen die ganze Nacht durch die Straßen.

Aber was ist mit den inneren Unwettern, in denen Zornesfluten ihre Wut am Verstand auslassen? Verstand und Magen verschmelzen in solchen Zeiten; sie werden zu tödlichen Strahlen, nagen an der innersten Seele, wie kein Hurrikan an den Küsten des Atlantiks es könnte. Diese inneren Länder nehmen manchmal die Form realer Territorien an, Syrien, Libanon, Kalifornien … wo wir innerhalb und außerhalb unseres Selbsts wohnen und eine Rakete, die ein Haus trifft, nicht von einem zerstörerischen Gedanken unterscheiden. Der Angriff der Geschichte auf das Gehirn führt zu Stürmen, die die Phantasie vernichtender treffen als jedes noch so verheerende Unwetter. Einige von uns kennen solche privaten Katastrophen, die ständig zunehmen und zum täglichen Brot, zur täglichen Erfahrung werden.

ORT

Ein einziger Apfel liegt in einer blauen Steingutschale von Eileen Curtis. Alles ringsum weicht zurück vor diesem Arrangement zweier Objekte, die von einem rechtwinkligen Bord angezogen wurden. Fühlen sie sich in dieser Anordnung endlich sicher, oder können sie, zu ihrem Unglück und ähnlich wie ich, keine Ruhe finden? Sie bilden eine herrliche Einheit, die nur Maler wirklich zu würdigen verstehen, bis dahin, daß sie den Rest ihres Lebens darauf verwenden, irgendwann, irgendwo und mit jedem greifbaren Material die Ekstase des Apfels und der Schale wiederzugeben.

LEUTE

Ich liebe besonders Fra Angelico, den Angelico, der Engel malt. Er malt sie nicht, er erschafft Engel, die auf diese Weise Gottes Schöpfung entkommen sind. Er besprüht ihr Haar und ihre Umgebung mit Gold. Jedesmal wenn ich ihn besuchen wollte, war er nicht da, nicht mehr in Florenz, noch nicht in Siena, auf dem Weg nach Arezzo, gerade zurück von Padua, aber noch nicht zu Hause … Ich lege meine Hand auf eine seiner bemalten Wände und spüre das Fleisch seines Engels, jenes Engels, der für immer die Ankunft eines Kindes verkündet. Menschen wie Angelico sind rar.

MEIN HAUS MEINE KATZE MEINE GESELLSCHAFT

Ich sollte den Mut haben und sagen, daß alle drei meiner Mutter gehörten, weil das wahr ist, eine Tatsache, die mein Befinden und meine Wünsche bestimmt hat. Ihre Katze mit Namen Bijou (wie ich schon erwähnte) schlief in ihrem Moskitonetz. Sie mochte das Gewicht, das über ihrem Schlaf hing. Bijou stand ein riesiges Haus für ihre Streifzüge zur Verfügung: Sie hatte Rundbogenfenster, um Mäuse im Garten zu beobachten, mit Damaszenersamt bezogene Sessel für ihre Krallen, einen Küchenherd, um sich die Knochen zu wärmen. Ich wohnte nicht in jenem Haus, mit jener Katze, in Gesellschaft meiner Mutter, ich streifte all diese Wesenheiten nur wie ein Luftzug.

POLITIK

Die Dimensionen werden gewaltiger, und Industrien speien Rauch- und Haßsäulen aus. Das Hassen ist zu einer so heftigen Leidenschaft geworden, daß wir daran verbrennen. Wir kleiden unsere Feinde in Seide und Leinen, fertigen Schuhe für ihre Füße, speisen sie mit Kastaniencreme, verbrennen Weihrauch auf ihren Altären, organisieren Grußadressen, schreiben Musik für ihre Ohren ... und dann, dann ... werden wir entweder von ihnen gefressen, oder wir verlieren das Interesse.

WEITERE WICHTIGE FAKTEN

Die US-Regierung sammelt wichtige Informationen über alle Hunde im Land. Weil viele Bürger schon übererfaßt sind, haben viele Computer nichts zu tun und viele Menschen keine Arbeit. Die gute Regierung des Volks, durch das Volk und für das Volk hat beschlossen, eine Wohlfahrtseinrichtung auch für Tiere zu werden. Sie beginnt mit Hunden. Die Forschung beschäftigt sich viel mit Klassifizierungsregeln für diese speziellen Geschöpfe. Es wird Probleme mit der Fellzeichnung und den Freßgewohnheiten geben, aber sowie sie auftauchen, werden sie auch gelöst. Katzen warten schon, daß sie an die Reihe kommen, sie warten mit derselben Beklommenheit wie Dritte-Welt-Völker, wenn zum ersten Mal Fremde mit Kameras und Tonbändern auftauchten. Ärzte informieren sich laufend über Viren und Dichter über Kaninchen. Es besteht keinerlei Grund zur Sorge. All dies wird den Tod gnädig erscheinen lassen.

BILDUNG

Einmal schenkte ich einem Affen eine Orange, und was machte er damit? Er aß sie. Ich war überrascht. Ich hatte erwartet, daß er mit ihr spielen, an ihr riechen, sie zerdrücken, sich bei mir bedanken ... ich weiß nicht was würde. Irgendwie war ich enttäuscht. Ich stellte fest, daß wir menschlichen Wesen dressiert sind wie singende Hunde, gezähmt wie sterbende Löwen, darauf programmiert, zu denken und zu zögern. Mein Affe nahm die Orange, und, in einem Augenblick völliger Vernunft, aß er sie.

GESCHÄFTE

Wenn es beim Geschäft des Lebens um Glück geht, werde ich dir mein Leinenlaken beschreiben: Es ist weich und kühl und geschmeidig. Ich werde sagen, daß es freundlich ist. Freundlich zu mir und zu allen Besuchern. Dann werde ich auf eine Mauer schauen, eine Mauer in der Wüste. Du wirst sie eine Ruine nennen, und ich werde nicht einverstanden sein, und der Streit wird unser Vergnügen zerstören. In Cash Creek in Kalifornien ist der Fluß jung und launisch. Er spricht mit dem Himmel, wickelt junge Mädchen mit seinem Gekräusel ein, erregt junge Männer mit seiner Sanftheit. Dort im Yosemite-Park läßt das Rotwild sein wissendes Auge auf den Farnen ruhen. Der Schnee ist eine schützende Decke, bis die Sonne wieder herauskommt und über all diese weiße Schönheit staunt. Aber in einigen Gegenden, wie etwa in Nebraska, verbrennen die Menschen ihre Kleidung aus Langeweile. Sie sind nicht weit genug nach Westen gezogen.

DIESELBE PERSON

Sein Name war Charles, und ihm gefiel sein Name nicht. Er nannte sich selber Peter. Peter? Petering? Sankt Peter? Sein Onkel hatte ihn nach seinem eigenen Großvater Charles genannt. Im Zweifel, ob der neue Name auch zu ihm paßte, gab Peter sich einen anderen: Vassili. Als Leute begannen, ihn auf Griechisch anzusprechen, war es ihm peinlich; aus einem ähnlichen Grund konnte er nicht nach Rußland gehen. Außerdem hielt er die Vereinigten Staaten für groß genug, um darin zu verschwinden … Da er Beethoven liebte, taufte er sich dann einigermaßen stolz Ludwig.

Doch es stellte sich heraus, daß sein Nachbar, der in der DDR aufgewachsen war und ursprünglich »Ludwig« hieß, sich am Tag seiner Einbürgerung den Namen »Charles« für sein neues, amerikanisches Ich ausgesucht hatte. Der Briefträger verwechselte die beiden Charles. Charles der erste, der immer noch Post auf seinen alten Namen bekam, wurde paranoid: Er hatte Angst, seine Freundin an den anderen Charles zu verlieren, der, wie er glaubte, für das Problem verantwortlich war … Er begann sich wieder Vassili zu nennen. Jetzt sprach niemand mehr mit ihm, da man ihn für einen russischen Immigranten hielt. Als guter Katholik besuchte er die St. Peterskirche in Santa Monica, wohin er vor einiger Zeit gezogen war. Der Ozean war nicht weit und herrlich mit seinen blauen Linien und seinem weißen Haar. Aber irgendwie war Charles' ganzes Leben aus den Fugen geraten. Sein Zorn und seine Verwirrung sorgten dafür, daß er seine Arbeit in der Autowerkstatt verlor, wo er Spezialist für Bremsen und Getriebe gewesen war. Schließlich starb er, wie viele andere Menschen an jenem Tag auch. Ein Vetter kam für das Grab auf. Sein Name mußte auf den marmornen Grabstein gesetzt werden, und es gab viele Familiendiskussionen über Telefon. Um Frieden zu schließen, beschlossen sie, auf die Gedenktafel zu schreiben: »Hier ruht Ludwig Vassili Peter Charles Gregory-Smith.« Die Gregory-Smiths stammten aus Uptown in Delaware. Unser Mann war der einzige dieses Namens, der es je bis nach Kalifornien geschafft hatte.

DRÄHTE

Im Fernsehen sieht das DNA-Modell wie eine simple Konstruktion aus zwei anmutig verschlungenen Kupferdrähten aus. Könnte es sein, daß Shakespeare aus solch einer Anordnung von Elektronen entstanden ist? Und was ist mit Ägypten? Entwickeln Länder sich aus verborgenen Formen, und kann es sein, daß Kriege, Massaker und kollektiver Wahn entstehen, wenn diese Formen falsch ineinander verdreht sind? Wir werden es herausfinden. Alles wird herausgefunden, erklärt und verworfen werden. Aber ich wünsche mir, daß die Brise, der warme, leise Wüstenwind, die Sanddünen mit ihrer Wellenkräuselung bestehenbleiben, dazu die sehr tief stehende Sonne in der Morgen- oder Abenddämmerung.

WETTER

Jedesmal wenn ein Jahr sich gerundet hat, ist April, eingeklemmt zwischen zwei interessanten Monaten. In Sausalito ist das Wetter im April unentschieden: Der Ozean fluoresziert dann, wie um einen wahnsinnig zu machen, und der Berg bleibt grün, flaschengrün – eine Farbe, die eine Erinnerung an Gelb enthält. Das Wetter ist nicht dramatisch und entspricht eher dem amerikanischen Sinn für Komfort. Es ist nicht milde, noch nicht: niemals im April. Dieser Monat rinnt einem durch die Finger.

Aber in Griechenland ist es anders. Alles in Griechenland passiert auf andere Weise als im Rest der Welt, wahrscheinlich, weil Christus dort wirklich aufersteht. Und mit sich zurück eine Ekstase von Meeresfarben, von silbernen Wolken, von Düften aus den Zeiten der Götter und eine Menge Kerzen für die Finger ahnungsloser Kinder bringt.

ORT

Wenn wir einfache Sachen nicht verstehen, wie zum Beispiel, warum Blumen heimlich wachsen, wenden wir uns den Stränden zu. Wenn wir dann die Möglichkeiten dieser flachen Oberflächen – nicht ganz flach, nicht ganz bucklig – erschöpft haben, zögert unser Verstand, gleitet über unbestimmtes Gelände und kehrt, da er meist nirgendwo landet, zu seinem Wohnsitz zurück, nur um festzustellen, daß neue Ideen darauf warten, daß sie endlich dran sind.

Ich gehe oft zum Rodeo Beach (den ich jahrzehntelang Cronkite Beach nannte), beobachte die kleinen Enten und überlasse sie ihrem Schicksal und lausche dem Ozean. Ozeane sind so Orte, in denen ich gern wohnen würde (aber wenn ich ein Wal gewesen sein sollte, muß das Lichtjahre her sein), deshalb stehe ich irgendwann wehmütig da und betrachte die Wellen. Der Wind treibt sein Spiel mit den Pelikanen, und rotgeflügelte schwarze Vögel blasen ihre kleinen Trompeten. Sie grüßen einander mit einem Überschwang, der die Stunde verzaubert. Aber nirgendwo verfliegt die Zeit so schnell wie an einem Ozean. Alles befindet sich in ständigem, sichtbarem Wandel. Eine solche Landschaft bietet mehr als nur Farben: Da ist auch unser Verlangen, die Leere zu umarmen, die all diese Vorgänge beherbergt. Aber diese ›Leere‹ ist gewaltig. Also liegen wir am Strand, reden mit ihr, küssen sie … Sandkörnchen suchen sich einen Weg in unseren Mund. Wir spucken sie aus.

Ein Besucher von Sausalito könnte durchaus von einem Schild mit einem großen Auge beeindruckt sein, das ihm mitteilt, er betrete gerade die nuklearfreie Zone. Würde das seine Ängste zerstreuen? Heißt das, der radioaktive Niederschlag verschont unsere Hügel, falls und wenn die Golden Gate Bridge nur noch Erinnerung ist? Ein paar Unitarier-Damen, die ich ziemlich gut kenne, glauben an die Macht des Willens. Da haben sie es besser als ich. Unterdessen vertreibt die Polizei Kaninchen aus den Gärten, weil die Cops sie für eine echte Verkehrsgefährdung halten. Im allgemeinen ist die Polizei recht anständig. In den paar Dutzend Jahren, die ich schon in dieser Stadt lebe, haben sie erst eine Person getötet: Sie jagten einen jungen Mann aus dem Seven-Eleven-Laden und schossen ihn nieder. In der Hand hielt er eine Tafel Schokolade, die er gerade gekauft hatte.

O ja! Eben diese Institution, die die (blasierten) Einwohner von Sausalito schützt, schikaniert den interessantesten Mann, den ich in dieser Gegend kenne: meinen Freund Ross, der, von meinem Haus aus, ein paar Straßen hügelabwärts Richtung Norden wohnt. Er ist ein Veteran des Koreakriegs, aus dem er gebrochen zurückkehrte, genauer: vollkommen kaputt. Eine Frau nahm ihn bei sich auf, machte einen Kunsthandwerker aus ihm wie sie selber, und gemeinsam schrieben sie Lokalgeschichte. Ihre große Scheune wurde zum Treffpunkt für viele Maler und ein paar verirrte Schriftsteller. Man war stolz, dazuzugehören.

Dieser Ort hat sich seinen Zauber bewahrt, obwohl dort jemand Abwesendes wohnt. Eileen ist vor fünfundzwanzig Jahren gestorben. Immer noch kommen dieselben Freunde Ross besuchen, sitzen um denselben Tisch und denken an sie. Wir gehen dorthin, um Eileen in unserer Phantasie wieder lebendig werden zu lassen. Ich kann Ross zusehen, wie er in dem beeindruckenden Eisenofen dicke Holzscheite zurechtrückt. In Wirklichkeit sehe ich das Gesicht, das Eileen machte, wenn er eben dies tat, wenn er ein Feuer nicht nur im Ofen, sondern in ihrem Körper und ihrem Geist entfachte.

Er ist immer noch so etwas wie ein verletzlicher Hemingway, ein alter Linker mit Pistolen im Schrank, ein Pazifist, der, wie er immer wieder behauptet, dem amerikanischen Militär die Zähne ausschlagen würde.

Auch wenn er wahrscheinlich der letzte alt gewordene Jugendliche ist, der noch von den Sechzigern spricht, hat er einiges Geld in Investmentfonds angelegt, um sicherzugehen, daß er sich jederzeit Hausreparaturen leisten kann. Er ist zwar noch Kunsthandwerker, aber auf Eileens letzten ungebrannten Töpfen und Tellern sammelt sich Staub. Er macht weiter seine Keramikvasen und chinesisch inspirierten Skulpturen, wobei es ihm gelingt, die glattgeschliffene Patina altchinesischer Buddhas herzustellen … aber am besten versteht er es immer noch, Salat und Zwiebeln zu ziehen und ein paar Hühner in seinem üppigen Garten zu halten. Als Eileen noch lebte, bemalte er ihre Töpfe stets mit herumtollenden Elefantenbabys, langohrigen Kaninchen oder Rehen und Hirschen. Sie blickte dann in seine unglaublich blauen Augen und hörte seinen Geschichten aus Lincoln, Kansas, zu … Die, die er am häufigsten erzählt, handelt davon, wie er als Elf- oder Zwölfjähriger seinen Opa bei einem Grabraub begleitete und der Opa wie ein geschickter Zahnarzt einen goldgefaßten Zahn aus dem Mund eines toten Mannes holte. Wenn er das mythische Wort ›Kansas‹ ausspricht, stellt er sich mit leicht vorgebeugtem Rumpf breitbeinig hin, als wollte er sagen, daß Amerikas Schwerpunkt dort sei.

Ross trinkt und lacht, und die Leute in seiner Umgebung werden zu Alkoholikern. Aber wer könnte ihnen Vorwürfe machen, wo sie doch schon ein langes Leben hinter sich haben? Russell Chatham, der größte Maler des Westens seiner Generation und ein Meister des Fliegenfischens sowie des Schreibens übers Fliegenfischen, kam gern vorbei, setzte sich an den rechteckigen Tisch, der über die Jahre vom Wein fleckig und schäbig geworden war, und servierte seinen Lachsfang mit einem Lachen, das wie das von Ross klang … Eileens blaue Steingutschalen sind immer mit Äpfeln und Birnen aus dem Garten gefüllt und ein paar versteckten Zitronen dazwischen: Russell besitzt Schalen in Montana, Bill und Sally nahmen ihre mit nach Somocolonia in der Toskana, Tom ißt regelmäßig seine Cornflakes daraus, und Arden hat ebenso regelmäßig Angst, daß ihm eine kaputtgeht … Meine stehen in diesem Haus gegenüber dem Berg, sie sind in einem Schrank und in meinem Gedächtnis, wo sie mit Eileen zusammenleben, die sie gemacht hat; und Ross ist diesen Sommer in Portugal, wo er trinkt, manchmal hinfällt und seit drei Jahren an einer Skulptur arbeitet, die Vasco da Gama darstellt, er möchte sie der kleinen Stadt am Atlantik vermachen, wo er seine zweite Heimat hat, seit er nicht mehr ins mexikanische Morelia geht, weil das, wie er mehrmals im Jahr erzählt, der Ort ist, wohin Eileen ihn zu ihrer Hochzeit entführte.

HAUS, MEIN ATEM UND FENSTER

Häuser bestehen aus Fenstern, die von Wänden gehalten werden. Alle möglichen Dinge kommen nicht durch Türen, sondern durch Fenster herein, die einem klaren Himmel weit offenstehen. Auf diese Weise kam Gabriel herein und erschreckte die Jungfrau. Das geschah allerdings nicht zu Halloween … Jesus wurde geboren und noch nicht geboren, und Maria war verwirrt. Fra Angelico lebte in der Nähe von Fenstern, himmlischen. Er rahmte sie in Gold und nahm die Wände weg. Schimmernde Lichter mit Tupfern reinen Rots blieben stehen. Feuerbälle und Diamantkronen bringen ihr eigenes Licht in seine Gemälde; d.h., falls wir die Erscheinungen, die er sichtbar macht, als ›Kunstwerke‹ bezeichnen können. Sie verdanken sich nicht der Kunstfertigkeit, sondern geheimen Mächten der Natur, solchen, mit denen wir selten zu tun haben. Seine Engel spielen Trompete, während wir glauben, wir hörten Pergolesi. Diese Trompeten sind Engelsspielzeug. Ihr Klang dringt durch meine Fenster und wird zu einem Lufthauch auf meinem Gesicht, wenn ich im Frühling, irgendwo weit weg von meinem normalen Zuhause, in einem Zimmer liege. Fra Angelico streift unsere Unschuld mit seinem Atem und löscht sanft die Kerzen. Dann scheint die Sonne mit gezügelter Güte.

POLITIK

An Sonntagen gibt es keine staatlichen Aktivitäten, keine Kriegserklärungen und in manchen Städten keine Busse.

LETZTE WICHTIGE FAKTEN

Da wir das Produkt einer Familie sind, fühlen wir uns gezwungen, darüber zu reden, um uns selber zu definieren. Es ist einfach eine Gewohnheit. Wahrscheinlich schaue ich mir deshalb so aufmerksam Tierfilme an. Gewöhnlich sind es Affen, Tiger, Löwen, Elefanten, Wale und Delfine, die ich mir gern ansehe. Sie alle besitzen Eigenschaften, die ich selbst liebend gern besäße. Sie repräsentieren die Möglichkeiten des Seins, auf die gesamte Tierwelt verteilt. Aber an einem Tag, den ich nie vergessen werde, sah ich in meinem Fernseher Schimpansen, die auf Bäume kletterten und von Ast zu Ast sprangen. Das spezielle Licht, das in dem Moment herrschte, als sie aufgenommen wurden, machte das ganze irgendwie irreal. Es war, als wäre Schauspielerei mit im Spiel … und ich dachte, wenn menschliches Verhalten demnächst das Verschwinden der meisten Tiere auf der Erde besorgt haben wird, werden ›Wissenschaftler‹ oder ›Künstler‹ sie durch virtuelle Tiere ersetzen, es wird dann Löwenhologramme in den Zoos geben, dreidimensionale Elefanten inklusive Gefahr im Kino … Gummiwale in Museen und delfinähnliche Illusionen mit ihren Vorführungen im Meer. Ich zitterte, erlitt einen unglaublichen Angstanfall, spürte Bitterkeit auf meiner Zunge und Schwere in meinen Gliedern. Ich bin der festen Überzeugung – und das trägt zu meiner chronischen Schlaflosigkeit bei –, daß die Zeit drängt, wenn wir die Katastrophen noch verhindern wollen, die wir uns selber bereiten.

BILDUNG

Warum liegt etwas Trauriges in der Vorstellung von Erziehung? Wir schaffen neue Zwangsdogmen und neue Idole. Aber, würde manch einer sagen, es gibt doch die Dichter! Ja, es gibt die Dichter, und es gibt die Leser und die Träumer und die Liebenden … und sie bilden die neuen Kontinente, die es zu entdecken gilt.

EINE ANDERE PERSON

Er war chaotisch: Er pflegte seinen Namen zu vergessen und den Leuten zu erzählen, er sei ein Baron. Und wenn sie wissen wollten, welcher Familie er entstamme, antwortete er mit seinem griechischen Akzent, er sei Deutscher. Er setzte dann stets zu einer gewundenen Beschreibung vom südlichen Verlauf des Rheins an, vergaß aber die Namen der Städte, die angeblich an seinen Ufern lagen. Einmal erklärte er überzeugend, wieso seine griechische Insel das ganze Jahr hindurch grün sei. Wir sahen zwar Bilder seiner Mutter und seiner zwei Schwestern, aber da nichts hinten auf den Fotografien stand, hatten wir weder Grund, ihm zu glauben, noch, alles was er sagte, abzutun. Sein Haar war nie gekämmt. Ich hatte den Eindruck, daß er immer auf der linken Seite schlief, aus vielerlei Gründen … Er schielte nicht, nein, aber jedes Auge sah in eine andere Ferne. Das verlieh seinem Gesicht einen träumerischen Ausdruck, was Frauen reizend fanden. Er liebe Frauen, pflegte er zu sagen, aber er verbrachte seine Tage in Alexandria mit jungen Männern, mit denen er Billard spielte. Zumindest behauptete er das. Als ich griechisch mit ihm zu sprechen versuchte, entgegnete er, er verstehe die Sprache nicht, und als ich mich erstaunt zeigte, lachte er hinreißend und sagte, er habe ein Kindermädchen aus Smyrna gehabt, von ihr habe er den Akzent übernommen, und diesen Akzent sei er nie losgeworden. Sein Englisch war Shakespeare-Englisch, und sein Französisch stammte aus Marseille und Nizza. Wir sahen ihn Geld ausgeben, aber nie hat er einen von uns zum Essen eingeladen.

DIE ERSTE PERSON

Man konnte sie aus verschiedenen Blickwinkeln von jeder Straße aus sehen und sich dann seinen Träumen überlassen. Sie pflegten von weit her zu kommen, nur um ein paar Stunden mit ihr zu verbringen. In Cafés ohne Klimaanlage saß ich stundenlang, um sie durch die Fenster zu betrachten und um über ihre Schönheit nachzudenken, die zu einem Bereich gehörte, der nur für sie war. Im Sommer ging ich, um zu ihr zu gelangen, immer eine gewundene Straße hinunter, zog mich in einer hohen, engen Hütte aus, drang in sie ein und schwamm.

HAUSHALTSÄPFEL

Ich finde Äpfel auf den Märkten sämtlicher Städte, die ich besuche. Ich finde sie auch auf zeitgenössischen Bildern oder bemerke ihre unheilschwangere Anwesenheit auf Wandgemälden und Teppichen der Renaissance … Wer hat diese runde, duftende Frucht zum Zeichen der Sünde erklärt? Es ist unverzeihlich. Ein sadistischer Mensch muß beschlossen haben, uns für immer unser Vergnügen zu verderben, denn der Apfelbaum ist der König der Bäume. Äpfel hängen wie kleine, grüne Welten am Baum, und manchmal, wenn wir zu nah kommen, erröten sie. Im Frühling ersetzt ihr Blütenkleid sehr vorteilhaft den schmelzenden Schnee. Meine Bekanntschaft mit ihnen begann westlich von Damaskus im Barada-Tal, einst ein verborgenes Paradies. Niemand wird es jemals finden, selbst auf einer Karte nicht, weil das kleine Dorf Bassimeh aus wenigen Backsteinhäusern mit staubigen Fußböden bestand. Und es herrschte nie gute Sicht, auch tagsüber nicht, denn das Tal besteht aus einem Wasserlauf, ist im Winter ein reißender Fluß und im Sommer ein trockenes Bett … Die Kinder benutzten kleine Steine als Spielzeug und bewarfen sich mit diesen winzigen Waffen, bis irgendein ›Erwachsener‹ auftauchte und das Spiel unterband. Mein Onkel besaß ein Stück Land, das stets entweder überschwemmt war oder vor Durst verging, und er fühlte sich dort glücklicher als irgendwo sonst auf der Welt. Und ich auch. In einer Ecke dieses Stücks Land, über dem das Geräusch des Flusses lag, standen ein paar Apfelbäume, die er seinen Obstgarten nannte. Und dort war mein Paradies.

KIRCHE

Es gibt eine Kirche, die keine Kirche ist, mit Gemälden, die keine Gemälde sind, und wenn ich mein Paradies nicht schon als Kind gefunden hätte, würde ich diese Kirche zum Ort absoluter Ekstase erklären. Ich entdeckte sie zufällig. Vom Bahnhof ging ich zur Innenstadt von Padua. Das Gepäck wurde mir schwer, und ich verlor jedes Zeitgefühl, also betrat ich, nur um die Zeit totzuschlagen, eine Kirche, die mir gerade aufgefallen war. Es war die Giotto-Kapelle. Anstatt ›totgeschlagen‹ zu werden, erwachte die

Zeit als ein heiliges bildliches Gedicht wieder zum Leben, als ich diesen blauen Himmel mit seinen herumschwirrenden Engeln und dem nahenden Jüngsten Gericht betrat. Der Tag meines Jüngsten Gerichts kam in der Scrovegni-Kapelle, und ich wurde gerettet.

GESCHÄFTE

Wie soll denn jemals Anarchie ausbrechen in dieser vermieteten, vermessenen, parzellierten Welt, in der das Leben zum Theater geworden ist? Natürlich gibt es Elend, und zwar reichlich, in Ländern der südlichen Breitengrade, ein Elend, das für Paris unakzeptabel ist, kaum zu ertragen in London, nicht vorhanden in Mexiko … Aber Elend produziert kein produktives Chaos; im Gegenteil, es träumt von Ordnung, von aufgereihten Broten, schnurgeraden Wasserlinien, klar bezifferbaren Bankkonten.

Ich brauche das ursprüngliche Chaos, das im Mittelmeerraum Steine ausspie und den Indianern Amerikas so viel Energie verlieh, daß sie von der Pazifikküste bis zum Atlantik liefen, als handelte es sich um einen ausgedehnten Spaziergang. Denken, denken, und warum? Mein Freund Bob weiß nur, was ihm seine Eule erzählt, und Joanne Kyger entdeckt jeden Morgen das Vorhandensein einer Welt ohne Fragen.

An beiden Enden

»Die Liebe ist eine unvollendete Form der Geschichte«
Lyn Hejinian

Als ich in der großen ostsyrischen Wüste einen Spiegel fand, hob ich ihn auf und sah darin Lawrences Gesicht, dann glitt der Himmel darüber, gefolgt von einem grellen Licht. Das blendete mich eine Weile, dann fand ich mit meinem Wagen den Weg zurück in das Palmyra-Hotel und bat, so lange schlafen zu dürfen wie möglich. Als ich erwachte, sagte ich mir immer wieder das Anfangsgedicht aus den »Sieben Säulen ...« auf. Lawrence schrieb das Gedicht, anstelle einer Widmung, in einem Zustand äußersten Schmerzes für seinen jungen arabischen Liebhaber, für den er »den Arabischen Osten befreien« wollte, doch damals und dort starben beide, der Traum ebenso wie die Realität. Wie Lawrence schildert, war der junge Körper schon von Würmern zerfressen, als er Damaskus erreichte, und ihm blieben nur die eigenen Tränen, um auf diesen düsteren Sieg zu trinken. Die tragische Farce, zu der sein Leben geworden war, fand rund ein Jahrzehnt später auf einem Feldweg ihr Ende, als sein Motorrad ins Schleudern geriet. Unter Arabiens Sand liegen Träume bergeweis und unzählige vergessene Leidenschaften.

Man schlägt nicht ungestraft die Wege der Wüste ein: Die Sonne zum Beispiel und andere Kreaturen lassen dich nicht in Frieden; nur die Sterne leisten dir nachts Gesellschaft, doch diese kalten Wesen, eher Diamanten als Liebhaber, entfachen ein fiebriges, krankes Feuer in deiner Phantasie.

So verbrachte Lawrence viele, viele Nächte und glaubte immer fester an seinen Wahn. Verrückter als Lear und müder als Odysseus, wünschte er sich eher den Tod als die Rückkehr zum Stützpunkt. Das Ende des Krieges würde auch seines sein. Da saß er mit seiner Verachtung für Flagge und Empire und hatte doch versucht, beiden zu dienen. Seine seelische Selbstkasteiung würde nur zur realen Marter seines Fleisches führen. Schmerz war das einzige Vergnügen, das er zuließ, das einzige Gefühl, das ihm willkommen war. Häufig schien nichts einem ekstatischen Orgasmus näher als Schmerz, und dann wieder war diesem nichts so fremd; tatsächlich würden die zwei nur zueinanderkommen, wenn das Paradies sich bequemte, zur Hölle zu werden.

Er hatte die Ränder und Grenzen trostloser Unendlichkeiten gesehen, das Verlöschen der Energie bei Männern aus Stahl. Jetzt stirbt das Jahrhundert, und damit das Jahrtausend. Kein Fin-de-siècle-Charme für uns, nur eine Apokalypse, wie Lawrences Ende. Sandstürme verwandelten das Blau seiner Augen in Rot, und Schlaflosigkeit höhlte ihm die Wangen tief ins Gesicht. Und so schrieb ein imperialistischer Revolutionär die ersten Zeilen dieses blutigen Jahrhunderts. Das Buch wurde mit allem anderen als Wörtern geschrieben, würde ich sagen, mit Knochen, Blut und Folterwerkzeug.

Die Sonne war noch jung, und Arabien rief. Während wir unsere Wut verloren haben, war Lawrences Zorn frisch. Er hätte in den dunklen Gassen von Damaskus in Rimbauds Geist hineinlaufen können. Wenn wir diesem Jahrtausend Lebewohl sagen, werden wir einige der berühmtesten Liebeskatastrophen nicht mehr befragen können.

Jetzt, da deine Sprache praktisch unlesbar ist, gedenkt man deiner, Lawrence. Die Zeit ist davongeflogen. Heute sind wir eher mit Galaxien beschäftigt als mit unserer eigenen Erde. Seit seinem Beginn verhieß das Jahrhundert Zerstörung, und du hast es den Winden von Yorkshire gesagt und in deinen verschlüsselten Botschaften, die Indien galten. Du weißt, arabische Gräber tragen keine Namen, da diese in Gottes Gedächtnis aufbewahrt sind. Die türkisfarbenen Himmel ertrinken im Roten Meer. Wir sind schon so schläfrig. Ja, Kometen erleuchten unsere Herzen, aber wie du weißt, ist dem Herzen selten Triumph vergönnt.

Die Wüste. Reiner Raum, ausgelegt für die Reise der Phantasie. Tiere haben sich erschaffen, um sich zu bewegen. Bewegung ist wichtiger als Materie. Der Verstand ist eine Wüste, in der sich die leeren Weiten Arabiens spiegeln. Verglichen mit der Wirkung des Klimas von Rub al Khali ist Töten ein nichtiger Akt; nur der Himmel mit seinem Sternenstaub kann sich damit messen. Kein Volk würde in solch einem Ofen beheimatet sein: Nur ein Gott, der keine anderen Gottheiten duldet, konnte in dieser überhitzten, trostlosen Landschaft wohnen; alle anderen sind Fremde.

Der Verstand ist verdorrt und nimmt Eigenschaften des Lichts an. Die Kenntnis der Leere ist eine Vorbedingung für die Existenz und das Verständnis von Liebe. Der Geist weht über Sanddünen. Berge wandeln im Hed jaz*. Morgens früh hört die Welt auf zu sein, was sie am Abend vorher war, und nur eine schwache Vorstellung vom Universum erreicht das Bewußtsein. Reisende – falls es welche gibt – sind ständig auf der Suche nach Wasser. Weltreiche zerfallen, noch während sie errichtet werden. Der Geist wird von der Sonne erniedrigt. Die einzigen Gewässer, die man sehen kann, sind Halluzinationen. Schnell gerät so der Geist außer Kontrolle, wenn alle inneren Grenzen überschritten sind. Der Übergang findet bei vollem Licht statt. Verrücktheit wird zur Norm, und Erinnerungen gelten als Projektionen in die Zukunft. Wasser wird zum Objekt sexuellen Begehrens. Das Selbst weiß nicht, wann es geboren wurde. Das Licht rührt sich nicht von der Stelle. Dann verschwindet es von einer Sekunde auf die andere. Und es weiß längst niemand mehr, ob es die Dunkelheit der Seele oder der Welt ist.

Mes pensées cannibales, dachte Lawrence in seiner Abneigung gegen das Französische. Seelischer und körperlicher Schmerz hatten sich in ihm so verknäult, daß ironischerweise sein zerbrochenes Selbst wieder zusammenwuchs und er sich verwundert fragte, ob die Erde tatsächlich zum Universum gehöre. Das Nichts besänftigt den Geist. Der menschliche Wille ist biegsam und verspritzt sein Gift, doch das Ziel wechselt ständig; Lawrences Wille brach sich nicht an Steinen, sondern an seltsamen Spiegelungen am Himmel. Er konnte nicht von Absinth und Dornen leben. Sein letzter Feind wurde die Verbündung von Materie und Bewegung. In solcher Umgebung werden Armeen zu Phantomen. Weder Krieg noch Frieden gehören zur Wüste, nur Mineralien überdauern in dieser mineralischen Welt. Dort verweisen nicht von Menschen erbaute Steinpyramiden auf den Geist und zermalmen ihn mit eben der Energie, die sie wachsen ließ.

* Hed jaz; Region im Nordwesten Saudi-Arabiens am Roten Meer; dort liegen auch Mekka und Medina. (AdÜ)

Lawrence war eine fortwährende Lüge. Seine Liebe galt dem gewaltsamen Tod. Er sehnte sich danach, in einem Kopf zu sitzen, der von jedem nur möglichen Wunsch gereinigt wäre, und es gelang ihm. Er herrschte über eine der gründlichsten Zerstörungen in der Geschichte; über den toten Körper seiner Liebe.

Die Wüste produziert gleichzeitig Hingabe und Rückzug. Ihre Luft ist immer dünn und vereint sich mit dem eigenen Körper. Man denkt nicht in Begriffen von Leben oder Tod, wenn man ihre rosenfarbenen Klippen oder ihre satten Gelbtöne vor Augen hat.

Eines Sommers half ich in Piestany einer Überlebenden der Konzentrationslager des Zweiten Weltkriegs, einen Garten zu durchqueren, womit sie nicht zurechtkam. Sie fragte mich, was ich dort im Krankenhaus läse, und ich antwortete: »Die sieben Säulen der Weisheit«. »Oh!«, sagte sie mit einem Stirnrunzeln, »Arabien! Ein gefährlicher Ort.« »Keine Angst«, erwiderte ich, »er ist nicht gefährlich. Er existiert nicht.« Sie wird nicht begriffen haben, daß wir selbst geologische Ablagerungen sind, ohne altüberlieferte Konzepte, die uns retten könnten.

Ja, die Wüste schlägt in Bann, mit ihren magnetischen Kräften, die zu Dämonen werden, wenn man sie zu lange nicht zur Kenntnis nimmt.

Zahlreiche große Armeen starben an Sehnsucht in wasserlosen, von der Sonne verdorrten Gegenden. Und Männer, die den Kanälen und Sümpfen des Nils entstammen, begegnen ihrem Schicksal in den steinigen Einöden des Sinai. Feuer regnet auf ihre Rücken. Lawrence starb, lange bevor die Tragödien, die er mit heraufbeschworen hatte, ihren Lauf nahmen. Seine eigene Maschine zerschmetterte ihn im englischen Klima. Die Wolken am Horizont seines Todes sahen ihm schmerzlos zu.

Er war eine in den Sand gezeichnete Figur. Die Wüste nagt am Geist und treibt ihn zu verzweifeltem Handeln. Binnenmeer, es ist ein Mörder. Alles andere ist Folter.

Die Luft füllt sich allmählich mit Erinnerungen an englische Orte. Er sieht Regen, wo es kein Wasser und kein Gras gibt. In der wachsenden inneren Gewißheit, daß er Arabien auf einem Kamelrücken durchquert, treibt er über undefinierbaren Realitäten. Sein Kopfputz ist ein dürftiger Schutz.

Jetzt ist er von den verschiedensten Stellen aus schon von weitem zu sehen, weil nichts in seiner Umgebung beständig ist. Da er in einem Gelände liegt, das unaufhörlich von Winden geformt wird, findet sein eigenes Sehen, um es so zu formulieren, nachts statt, wenn die Sterne gnädig scheinen. Er wird versuchen, sich wieder zu orientieren, da es nichts anderes zu tun gibt.

Seine Müdigkeit hat etwas Erotisches. In sexueller Hinsicht asketisch, erlebte er in seiner Jugend nur wenige erschöpfende Nächte. Daß er auf die arabische Seite der Welt überwechselte, spiegelte die Experimente, denen er seinen Körper aussetzte. Jetzt zittert alles in ihm: seine Knie vor allem, sein unterer Bauch, sein Hintern, dazu sein Herz und sein zersplitterter Geist. Er weiß, es bleibt ihm nicht mehr viel Zeit, weil all seine Machenschaften Teil eines weiterreichenden Begriffs von Verrat sind.

Der Sonnenuntergang war allumfassend, und da Lawrence mit der Welt verschweißt war, nahm er ihn als Bestätigung seiner Einzigartigkeit, als Zeichen seiner Auferstehung, denn er war es gewohnt, sich voraus zu leben.

Die Fata Morgana besaß Vollkommenheit: Der Sand war blau und geriffelt wie ein schimmerndes Meer. Dennoch beruhigte es ihn, daß er sich nicht wieder an den Küsten Englands befand. Nach dieser Phase des Stillstands übernahmen die Sterne; der Schlaf kam nicht, und der kleine Junge, den er in sich bewahrt hatte, begann sie zu zählen, als wären es Murmeln. Eine dünne Linie trennte seinen Geist von den Himmeln, die Linie seines Bewußtseins. Gegen Morgen flehte er um Gnade, doch sein Stolz rebellierte sofort. Er wies alles von sich. Nur in der totalen Verweigerung fand er so etwas wie Frieden.

Er liebte diesen Schmerz, diese Bestrafung, wenn sein Körper sich vor Durst wand, hechelte wie ein streunender Hund mitten auf einer kreisförmigen, öden Hochebene. Mutter Erde war am Ende sein einziger Feind. Er begrüßte die Gesellschaft der Steine, da sie sich seit Millionen von Jahren mit ihrer Art von Durst abgefunden hatten. Woher dieses Urfeuer, das ihn verbrannte, ohne ihn ein für allemal einzufordern?! Der Horizont rückte vor, und Christ College stand vor seinem inneren Auge, trat aus durchsichtigem Rauch hervor und wellte sich in überfließendem Bier. Er hörte jetzt die unanständigen Lieder seiner alten College-Kumpel, aber da war niemand, niemand würde jemals existieren, weder Araber noch Engländer, weder Mensch noch Tier, da war nur seine eigene Seele, die in Flammen aufging, und Asche ...

Beduinen fanden ihn ohnmächtig und ausgetrocknet, sammelten ihn auf wie verlorene Wäsche und legten ihn auf den Boden eines verlassenen Stützpunkts. Etwas Schatten und modriges Wasser brachten ihn zu seinen privaten Qualen zurück. Schmerz hatte sein Selbst in diese Art Tod versetzt, wonach er so verzweifelt suchte. Nacht der Nacht, das Ende der Nacht und die Nacht des Endes.

All die fehlenden Dinge – die Welt – wurden zu seiner Obsession, er war besessen davon, daß sie ihm nicht fehlten. Was dann? Wieso starrten sie ihn an? Sie wollten verworfen werden – wie er –, zur Kenntnis genommen und abgelehnt, sinnbildlich für das, was alle Leben nennen.

Raum ist in der Wüste weder mit materiellen noch mit immateriellen Dingen zu füllen. Auch die Realität von Materie wird zweifelhaft. Es war nicht die normale Atemluft – er hatte stets Schwierigkeiten beim Atmen, als wäre Luft etwas Dickes, müßte heruntergeschluckt werden –, die ihm zu schaffen machte, sondern etwas Drückendes jenseits der Luft, eine Substanz, die dünner, flüchtiger, unbeständiger ist, etwas wie Geister, die sich aufzulösen beginnen, wenn der Verstand sich auf sie konzentriert.

*

Schmerz. Du mußt ihm einen Namen geben, in deinem Schlaf, in deiner Bewußtlosigkeit. Aber Schmerz ist absolutes Bewußtsein. Seiner selbst. Selbstbezüglichkeit gehört zu seinem Wesen. Aber es handelt sich nicht um reine Geometrie, oder, wenn doch, dann um solche, die eingeschrieben ist, eingebrannt in Haut und Fleisch.

Schmerz ist beides, die Reise und der Reisende, ein Reisender, der nicht an deiner Seite lebt, sondern in dir. Je mehr dieser Reisende zu dir wird, desto weniger kannst du reisen. Am Nullpunkt werden beide Elemente vollkommen eins, und du wirst zu diesem verblüffenden Ding: dem erhabensten Reisenden, für den Bewegungslosigkeit der vollkommene Zustand ist.

Diese Realität gehört in den Bereich des Unsichtbaren. Sie residiert dort, verschlingt entschlossen jede andere Daseinsform im Körper, und dennoch kannst du sie weder berühren noch riechen oder hören. Deshalb wurde sie zu manchen Zeiten und an manchen Orten zu einem ›Geist‹, einem Engel, einem Engel des Guten oder des Bösen. Sie sagten: Sie erlöst, um eine Rechtfertigung für sie zu finden. Sie sagten: Sie ist ein Teufel, ein greifbarer Geist, der exorziert, aus dem Körper befreit, zu seinen Gefährten in der Hölle geschickt werden muß.

Schmerz ist weder maskulin noch feminin, sondern eher androgyn. Er ist gemein, er geht dir ans moralische Rückgrat und noch viel mehr. Er beugt deine Knie ebenso leicht, wie er deinen Willen gefügig macht.

Menschen tun ihren Schmerz kund, sie weinen, schreien, heulen, wimmern ... oder äußern flüsternd ihr akutes Unbehagen, doch der Schmerz selbst bleibt stumm, rätselhafterweise. Stumm (wie Wasser in seinem gefährlichsten Zustand, bevor es zum Fluß wird) wird er absorbiert, macht uns zu einem Schwamm, zu einem porösen Körper, einem porösen Körper im alten Körper.

Schmerz äußert sich auf eine Weise, die nicht seiner Realität entspricht. Er ist ein vorsprachliches oder nichtsprachliches Ereignis, eine der Ausdrucksformen von Materie; Materie sondert Schmerz ab, und der Körper nimmt die Botschaft auf, eine Botschaft, die er selbst produziert. In dieser narzißtischen und höchst niederdrückenden Begegnung spielen wir nicht eine Rolle, wir spielen Gastgeber.

Er wird in lebenden Zellen geboren. Wir steigen mit ihm hinab bis zu einem Kern, der nicht vorhanden ist, der weniger ist als ein leerer Raum, ein Vakuum. Also wohnt Schmerz in Vakuen und füllt sie mit seiner substanzlosen Substanz.

Wir versuchen, ihn Freunden und Ärzten zu beschreiben, und sie machen ein verwundertes Gesicht, ehe sie uns zurück in unseren Leidenszustand schicken. Wo ist er? fragen sie. Und wenn du deine Hand dorthin legst, wo es *weh tut*, weißt du, daß *es* dort nicht ist, es ist nirgends, weil es nichträumlich ist, und obwohl es Dauer besitzt, ist es auch nicht zeitlich, sondern nur eine beständige Gegenwärtigkeit.

Ähnelt der Schmerz deshalb der Liebe? Die Versuchung, beide einander gleichzusetzen, ist groß, weil beide sich so oft wechselseitig verursachen. Doch es ist nicht ihre Unzertrennlichkeit, die sie ähnlich macht. Was soll man also sagen?

Liebe und Schmerz funktionieren in gewisser Weise gleich: Sie gönnen uns keine Pausen, nehmen unsere gesamte Aufmerksamkeit in Anspruch. Beide werden zur inneren und äußeren Landschaft des Menschen, zu seiner Identität. Wir besitzen sie und sind von ihnen besessen und benutzen für beide ähnliche Formulierungen: Wir suchen nach Heilung oder einem Ausweg, sprechen von Vergessen, Ruhe oder Panik, selbst von Tod. Beide Krankheiten martern das Herz und zerreißen Gewebe. Sie wohnen in jeder Zelle des Körpers und des Geistes, getrennt und vereint.

In der Einsamkeit führt Schmerz zu Halluzinationen. Draußen in der Wüste errichtet er Marmorsäulen mit seiner Macht. Durst füllt den Mund mit Staub. Man hört auf zu reden, die Sprache reduziert sich auf wenige Wörter, wenige Laute und dann auf bloßes Atmen.

Der Körper ist nicht dafür gedacht, sich selbst zu verstehen, da er ein Instrument zur Wahrnehmung der Welt ist, ganz ähnlich unseren Augen, die nicht dafür gedacht sind, sich selbst zu sehen. Doch in apokalyptischen Momenten versteht der Körper sich selbst: in der Ekstase und im Schmerz. Im Augenblick sexueller Lust sind wir Fleisch und Masse und gehen auf im Hier und Jetzt: Muskeln in Bewegung, die Haut elastisch, die innere Energie strahlt. Der Körper erhellt den Raum, den er besetzt, bewegt sich in eine einzige Richtung. Wenn das Objekt des Verlangens abwesend oder entfernt ist, ereignet sich genau dasselbe, nur verwandelt in Schmerz, in die exakte Negativform jener Ekstase. Der Körper produziert dann von selbst eine Situation, die für ihn unerträglich ist.

*

Lawrence: klein, feminin in seinen arabischen Gewändern, weder ein Transvestit noch ein Schauspieler auf der allzu leeren Bühne dieses fremden Landes. Ja, er wurde Geschwindigkeit in den frühen Tagen der Flugzeuge, er wurde verlangsamt – durch Leidenschaft, in den ersten Jahrzehnten dieses Jahrhunderts des Grauens.

Was ihm in dieser endlosen Wildnis begegnete, war nicht Gesetzlosigkeit, sondern die tiefe Herzlichkeit der Beduinen, die ihn beschützten, wie sie ein Kind beschützt hätten. Sie wußten, daß er flüchtig war, wie alles, so wie ihre Offenbarung es verkündete.

Sein Wille jedoch schien nicht flüchtig zu sein; er war monolithisch. Ein einzelner rollender Stein. Von wo nach wo? Aus den Tiefen seiner englischen Seele bis zu seinen Eroberungsträumen.

In seinem Schmerz erlebte er Momente eines starken Daseinsgefühls, besonders wenn ihm bewußt wurde, daß er dem eigenen Ende entgegenglitt. Zu gewöhnlichen Zeiten war er betäubt, in einem Zustand süßen Wahns. Er hat seinen Schatten auf das zwanzigste Jahrhundert geworfen, in Leidenschaft wie in Verrat.

Wenn er über das offene Nichts hinausblickte, das seinen Verstand ebenso bedrohte wie die zurückweichenden Himmelsbewegungen, versuchte er verzweifelt, sich mit den Augen an irgendeinem Umriß, einer Form festzuhaken, doch er konnte nur das Pfeifen des Winds hören und vereinzelte Geräusche, die aus seiner Kehle quollen: Es war wie in solchen Momenten, wo das Verlangen zermürbend wird, und schmerzlich leer, wie ein Wassertank, der entsetzt die letzten Tropfen aus seinen gewaltigen Hähnen rinnen sieht.

Schließlich blieb ihm nur noch, seinen Körper und seine Seele zu enteignen, alles was von seinem Willen noch übrig war, zu zermalmen und den Punkt anzustreben, an dem sein Geist endlich über diese Orgie der Selbstzerstörung triumphieren würde.

Der größte Teil dieser höllischen Arbeit war schon getan: S.A. war gestorben, und alles was Lawrence noch zu tun blieb, war, das Verrotten des jungen Mannes zu beschreiben. Sein Unterfangen – ein Imperium zu schaffen und aufzulösen – hatte sich bereits als vergeblich erwiesen. Er war nicht besiegt worden, sondern, schlimmer noch, von denen verraten, die ihn zu seinen Träumen verleitet hatten. Sterben oder zerstören. Schreiben – *Die sieben Säulen*, um das eigene Selbst vollständig in das des Schriftstellers zu übertragen.

*

Seelischer Schmerz wohnt im Herzen. Lawrences Dasein folgte nun einer Logik des Traums.

Ich sehe sein Gesicht erneut im Spiegel, sein Körper liegt im Staub. Er ist lebendig und ohnmächtig zugleich. Es war nicht die Vergewaltigung im türkischen Gefängnis als solche, die diesen Schmerz verursachte, sondern welche Stelle dieses Ereignis auf einer größeren Landkarte der Falschheit besetzte, machte den Kern der erlittenen Demütigung aus. Jetzt weint er in der Wildnis, preist und verflucht die alten Götter Arabiens, die den Gott aller Monotheismen noch immer in der Hand haben.

In der Wüste gibt es nichts außer der Wüste selbst, das gleiche gilt für das Vergehen der Zeit. Rote Ablagerungen, explodierter Granit, versengte Lehmklumpen, das waren die Elemente, zwischen denen ihm die apokalyptische Erscheinung der Ewigkeit widerfuhr.

Verrat bildet den durchgehenden Faden dieses Jahrhunderts, und der andere Faden ist Liebe, reduziert allzu oft auf ihre Abwesenheit.

Verrat trägt Liebe in die dunkelsten Regionen des Schmerzes und wird niemals getilgt. Zuerst stirbt der Gegenstand der Liebe, und dann tötet Verrat langsam aber sicher den Liebenden. Die Geschichte mündet in Leere.

Lawrence befindet sich in einem Zustand reinen Bewußtseins. Wolken sind so selten, so flüssig!

Es gibt kein Morgen, weder in den Himmeln noch in der Wüste. Keine Vergangenheit und keine Zukunft. Dieses Jahrhundert hat dafür gesorgt, daß das nächste dauerhafte Dauer sein wird, daß ein stillgestelltes Gefühl von Gegenwart beherrschend sein wird. Nichts ist das, was nur der Tod möglich macht.

Ja, er zog eine »Flut von Männern« an, doch sie erreichten nie irgendein Ziel. Sicher, die Eroberung der Wüste ist eine erotisch absolut befriedigende Erfahrung, doch sie weist in die Illusion.

Lawrence ging dorthin, wo Arthur Rimbaud eine Generation früher gewesen war, doch beide wußten, daß das Land, das sie besuchten, Territorium von Wüstenarabern war, und schlossen daraus, daß dies Geschöpfe des Windes seien, und paßten sich mit eigenartigem Einfühlungsvermögen an. Würde der Wind die quälende Erinnerung an den Verrat auslöschen?

Angesichts der Dämonen des Verrats und der Ver-Wüstung der Geschichte des Volkes, dessen Untergang er selbst befördert hatte, überkam Lawrence wie eine unwiderstehliche Versuchung der Drang, seine Seele von seinem Körper zu trennen, der Drang, dem Engels-Verlangen nachzugeben.

Der Preis dafür – ein faustischer Preis –, bestand darin, daß sein Selbst für sich und für die Welt zu sterben und alles und jeden mitzunehmen hatte in diese Auslöschung.

Das Jahrhundert, dessen Ende wir jetzt erleben, träumte jenen Traum und zahlte jenen Preis, ein perfektes Alibi für die Zerstörung des Paradieses.

Gegenwart

ORT

Dann hatte ich in den Wald zurückkehren wollen. Korkeichen breiteten ihre Arme aus, um mich zu begrüßen. Ich fand einen Weg und folgte ihm. Die Bäume breiteten ihre Schwärze über mir aus. Als ich eine Quelle erreichte, spürte ich Durst, und ich formte meine Hände zur Schale und trank. Die Pfade liefen weiter; das tat ich auch.

WETTER

Unter dem Schatten der Eichen rastete ich eine Weile. Mein Atem beruhigte sich. Ich versuchte, nicht einzuschlafen, aber da ich das Gefühl für Zeit verloren hatte, muß ich wohl in jene andere Welt eingetreten sein, in die der Schlaf uns entführt. Ich kann mich an keinen Traum erinnern, aber plötzlich bemerkte ich, daß die Sonne eine große Strecke am Himmel zurückgelegt und mir die Orientierung genommen hatte. Die Temperatur des Waldes hatte sich verändert. Ich brauchte eine Jacke und hatte keine, also wanderte ich weiter. Während der Wanderung hörte ich die ganze Zeit Wasser fließen, aber das Geräusch war nicht laut genug, um von einem Fluß zu stammen.

MEIN HAUS

Ich war eine Woche fort und froh, daß ich all meine Sachen zurückgelassen hatte. Im Wald begann ich mich nach einem Haus zu sehnen, das wie eine Hütte aussehen und aus Redwood sein müßte: Ich brauchte den rötlichen Halbschatten und den Kamin. Aber wo sollte dieses Haus stehen? In Maine? In den blauen Bergen Virginias? Nein! Es ist zu früh, Kalifornien zu verlassen, obwohl ich dort schon seit einem halben Jahrhundert lebe. Mein eigentliches Haus ist Kalifornien als ganzes, ein Staat, für den ich eine Leidenschaft hege, den ich liebe wie sonst nur das Meer. Die einzige Ewigkeit an meinem Horizont bilden eben jenes Land und sein Meer. Vollständig werde ich erst (und nur dann) verschwinden, wenn sie verschwinden.

EINE PERSON

Dieser Wald, der im Moment mir gehört, benimmt sich wie eine Frau: Er erwacht mit dem Gesang der Vögel und öffnet die Fenster dem Morgenlicht. Den Rest des Tages nimmt er alles, was geschieht, ziemlich gelassen auf. Er hat Überschwemmungen und Brände erlebt, und so gibt es wenig, das den Heiteren noch aus der Ruhe bringen kann.

DRÄHTE

Die hohen Bäume schotten meinen Weg ab. Aber der Weg selber ist ein Faden, der mich zu Schrecken führen könnte: Wir sind nicht auf Kreta, und vom Minotaurus ist nichts zu sehen, aber nichts ist sicher, wenn es um die Welt des Unbekannten geht. Ich habe, seltsam genug, allzu oft den Wunsch gehabt, mich zu fürchten, er konnte nicht ungestillt bleiben. Wenn der Minotaurus auf mich warten sollte, wäre ich bereit, ihm in den Wald zu folgen und, weiter noch, in seine Phantasie.

DIE KIRCHEN

Architekten holen sich ihre Anregungen von Wäldern. Sie benutzen sie für ihre Konstruktionen, benutzen aber auch ihre Seele. Jedes Gebäude hat mit dem Wald und seinen Bäumen zu tun. Die Vorstellung eines Obdachs, sie stammt von ineinander verschlungenen Ästen, und heilige Orte, wie etwa Tempel oder Kirchen, entstanden zuerst in ihrem stillen Schatten.

MEIN HAUS

Das Haus ist der Sitz der eigenen Ungeduld. Die Elemente, die mich am meisten interessieren, sind das Vakuum, die Leere, der umschlossene Raum und Durchgänge, womit ich Türen und Fenster meine. Wände verschwinden gewöhnlich aus meiner Erinnerung, und wenn nicht, werden sie zu schwankenden Flächen, zu wandernden Flecken in blassen Farben.

POLITIK

Rosen können Politiker etwas lehren: Ihre Schönheit ist durch Dornen geschützt, sie müssen beschnitten werden, um zu gedeihen, und ihre Liebe zu Sonne und Klarheit ist sprichwörtlich. Ihre Stärke ist ihr Duft.

LEUTE

Ich sehe sie in Busladungen ankommen und frage mich: Wer sind diese Männer mit vorstehenden Bäuchen, die sich in der Öffentlichkeit so benehmen wie in ihren Kasernen? Die Frauen, die sie begleiten, machen keinen besseren Eindruck. Sie haben kein Fell und spitzen beim leisesten Geräusch nicht die Ohren. Alle sprechen sie laut und hoch. Wo sie auch sind, stets glauben sie, sie wären in Mittelamerika.

WICHTIGE FAKTEN

Ein Hase lief vorbei, und ich versuchte törichterweise, ihm zu folgen, als er blitzschnell zum Farn lief.

Ich genoß das Licht, das nicht aus einer einzigen Quelle stammte, sondern eher diffus war und durch Gegenstände nicht aufgehalten wurde, sondern sie sanft umhüllte. Ich war in eine Umgebung eingebettet, in der ich meine eigene Elektrizität ausstrahlte und in der physische Grenzen beweglich wurden.

BILDUNG

Wenn ich glücklich bin, gehe ich zum Strand oder wünsche, ich könnte es. Wenn meine Freunde zu früh kommen, lege ich Monteverdi auf. Wenn ich Plato wiederlese, streiche ich alles andere.

GESCHÄFTE

Schriftsteller sein heißt, an einen Tisch gekettet auf eine freundliche Welle warten und, wenn sie kommt, auf ihr reiten und dann auf einem Stück Papier oder einem Bildschirm eine Serie von Wörtern in der Überzeugung aneinanderreihen, daß sie wirklich wichtig sind, obwohl doch klar ist, daß, im Zuge der Veränderung, alle Dinge, die wir tun oder sagen, noch vor Ende des Jahrhunderts vollkommen überholt sein werden. Aber laßt uns nicht in Depression verfallen. Wir müssen unsere Qual destillieren und sie, bis zur Stunde vollständigen Unvermögens, mit großer Sorgfalt auf alle möglichen Flächen speien.

MEIN HAUS, DIESER ORT UND KÖRPER

Ich muß mein Bedürfnis nach Fenstern nicht wiederholen, und wenn ein Fenster offensteht, verspüre ich den Drang zu reisen, und wenn ich im Flughafen bin, wird mir übel, bis das Flugzeug abhebt, und wenn ich lande, fürchte ich mich vor Polizei und Zoll, weil ich plötzlich ein schlechtes Gewissen habe, und später im Taxi beginne ich zu hoffen, daß mein Hotelzimmer nicht zu klaustrophobisch wirkt. Und kaum bin ich in jenem neuen Zimmer, gehe ich zum Fenster und schaue hinaus und sorge mich, weil die Straße unten so eng ist. Meist dusche ich in etwas, das mich an alte Telefonzellen erinnert, lege mich dann aufs Bett. Meine Phantasie dreht sich im Kreis, und die Stadt wirkt bereits langweilig, bereits vorhersehbar. Wenn ich speziell zu einer Opernaufführung gekommen bin, frage ich mich, ob sie auch gut genug ist, um all die Mühe, die ich auf mich genommen habe, zu rechtfertigen.

DIESELBE PERSON

Der Weg führte den Hügel hinauf und wurde schmaler, und anfangs zögerte ich, ging dann weiter, bis ich den Wald erreichte. Der Wald nahm mich in seinem Schoß auf; es fühlte sich angenehm an, bereichernd. Das linderte meine Ängste, meine Glieder verloren ihre Schwere. Ich hielt Ausschau nach kleinen Tieren, entdeckte aber keine. Ich sammelte kleine Steine auf und warf damit, nur um das entstehende Geräusch zu hören. Der Wald wurde dichter. In einem bestimmten Augenblick suchte ich den Himmel und konnte ihn nicht sehen, und ich überlegte, ob es noch Tag oder die Nacht schon angebrochen war. In all ihrer Herrlichkeit. Ich blieb eine Weile stehen. Es war so friedlich. Ich mußte einen Entschluß fassen, also beschloß ich, zu meinem Ausgangspunkt zurückzukehren.

WETTER

Der Regen sank weich auf Blätter und Zweige. Tropfen für Tropfen. Es sah aus, als lasse Tau sich sacht nieder. Kiefernnadeln und trockene Blätter raschelten unter meinen Füßen und kamen ins Gespräch mit ihrer Umgebung. Keine Aussicht auf eine einfache Rückkehr. Ich werde Tage und Nächte brauchen, um ans Ende dieser Reise zu gelangen.

ORT

An diesem Osterwochenende sind alle Schlafgelegenheiten ausgebucht und belegt, und die Vorstellung, die Nacht in meinem Wagen zu verbringen, ist recht unerfreulich. Aber die Nacht ist herrlich. Ich bin in einer kalifornischen Wüste, und sie ist eine Tagesreise vom Wald entfernt. Alle Sterne sind zu sehen. Es kostet mich große Mühe, ein Sternbild vom anderen zu unterscheiden, alles glitzert und funkelt. Da ich nicht viel von Astronomie verstehe, starre ich diese Himmelskörper einfach an, die ihr Geheimnis – für mich – gerettet haben. Ich weiß nicht, wo ich bin und *ob* ich bin. Die Sterne haben mein Bewußtsein auf sich übertragen.

MEIN HAUS MEINE KATZE MEINE GESELLSCHAFT

Ich habe den Fujiyama nicht gesehen, und das schmerzt, schmerzt sehr. Meine Katze ist vor kurzem gestorben, und da war ich nicht traurig. Es stimmt, daß ich Dinge getan habe, die man als Ausdruck von Kummer hätte deuten können, aber es traf nicht zu. Allerdings habe ich, meinen Freunden zu Gefallen, eine kleine, sehr persönliche Beerdigungsfeier zelebriert. Ich nahm einen Schuhkarton, und Jenny kam mit einem Strauß Tulpen und einer einzelnen Rose, und wir gingen, also, wir gingen … zur Müllkippe von Sausalito. Dort begannen wir beide, ohne daß ich irgendeinen Grund dafür wüßte, zu weinen.

POLITIK

Ich bin sowohl Amerikanerin als auch Araberin, und die beiden Identitäten kommen sich manchmal in die Quere, nicht jeden

Tag, nicht mal oft, aber in seltenen Momenten werde ich zu einem Berg, den ein entsetzliches Erdbeben gespalten hat.

WEITERE WICHTIGE FAKTEN

Es geht nicht um den Ozean, es geht nicht um den Wal, es geht nicht um Ahab, es geht um Amerikas Psyche.

Und es geht nicht um Demokratie, es geht nicht um Öl, es geht nicht um Menschen, es geht um ein Kind, das durch Macht verrückt geworden ist.

Und es geht nicht um Geschichte, nicht um Leiden, nicht um das Universum, es geht um pure vorwärtsdrängende Bewegung.

BILDUNG

Wie macht man Papierflugzeuge, die, von ihrem eigenen Willen angetrieben, über die Meere fliegen? Bis ich eines mache, werde ich meine Unwissenheit für bodenlos halten. Ich würde auch liebend gern die Zeitmaschine umkehren und mich mit der Pythia von Delphi treffen und sie bitten, mir das Schicksal der Griechen nach der Eroberung von Troja zu prophezeien oder das Schicksal von Byzanz nach dem Durchritt des letzten Pferdes, auf dem der letzte betrunkene Kreuzfahrer sitzt.

Unterdessen horten wir Erinnerungen wie Neurotiker leere Flaschen und vergilbte Illustrierte.

In der Türkei sticken Dorffrauen Rosen auf schwarze Seide, um Denken und Erinnern anzuhalten.

GESCHÄFTE

Diese Frauen waschen ihre Kleider an den Ufern eines Flusses. Ich sehe zu, wie sie Glück aus dem fließenden Wasser stehlen und auf ihren Händen verteilen. Sie beugen ihre Knie mit Vergnügen, recken ihre Arme, wie sie es tun, wenn sie allein sind. Wieder zu Hause, lächeln sie ihre Kochtöpfe an, die sie zum Glänzen gebracht haben. Lange Baumwollfäden messen ihre Tage, und in der Nacht schenken ihre Träume ihnen all die Dinge, die das Tageslicht ihnen verweigert hat.

DIESELBE PERSON

Besitz der Welt: Eine von ihnen akzeptierte eine arrangierte Heirat mit einem jemenitischen Arbeiter aus Kaliforniens Central Valley. Sie besaßen keine gemeinsame Sprache, doch das half dem jungen Ehemann durch seine Hochzeitsnacht. Er mußte kein Liebesgesäusel erfinden, und sie verwechselte ihre Angst, genommen zu werden, mit ihrer Unfähigkeit zu reden. An einem bestimmten Punkt strahlte er, weil er den Beweis ihrer Jungfräulichkeit erhielt. Er nannte diese Nacht »die Nacht der Eroberung«. Die Hitze des Tals war mäßig im Vergleich zu seiner Leidenschaft. Was sie betrifft, so konnte sie mit sich selbst in ihrer eigenen Sprache sprechen, und was sie vernahm, war ziemlich seltsam: Sie dachte an die Hühner, die ihr Vater regelmäßig draußen vor ihrer Haustür köpfte, und an die kleinen Rinnsale von Blut, die sofort vom Staub der Straße aufgesogen wurden. Als sie an die Penisse ihrer zahlreichen Brüder in unterschiedlichen Alterssstufen dachte, mußte sie kichern, weil sie sie mit der bedrohlichen, harten Männlichkeit ihres Mannes verglich. »Ich habe einen Mann und keine kleinen Geschwister«, das sagte sie zu sich selbst, nicht ohne Stolz. Und wie eine Katze, die in eine neue Umgebung verpflanzt wird, begann sie zu schnuppern, zu beobachten, zu messen und den Anfang eines gewaltigen Kontinents mit Namen Amerika zu entdecken.

DRÄHTE

Die Sonne steht heute abend sehr tief, während ich Kühe auf der Straße nach Drake Beach beobachte. Wenn der Geist frei ist, kann er sehen, daß eine Kuh ein Berg ist. Diese großartigen Gebilde bewegen sich mit feierlicher Anmut.

Am Ende der Straße ist der Ozean, und ich bin hin und her gerissen zwischen seinem Reiz und dem Anblick, der mich in Bann hält. Die Kühe kommen mir jetzt entgegen. Sie können eine vernünftige Person allein durch ihren kraftvollen Gang verrückt machen, der im nächsten Augenblick zu einer zeremoniellen Stampede werden kann. Kühe und Ozeane haben etwas gemein. Ich merke, wie ich in ihre Welt hineingezogen werde. Ich hole aus meinem Auto eine Drahtschere und kappe den Zaun, und wie beim Stierkampf laufen die Kühe dicht an mir vorbei und strömen auf den Highway. Sie werden eher als ich am Strand sein.

WETTER

Im Regenwald war alles jung. Ich hielt Ausschau nach Wolken, vergebens: Der Himmel war grün und bestand aus Ästen. Ich konnte nicht an Musik denken, da schon das leiseste Geräusch bedrohlich war. Ich sollte hier allerdings kein Mißverständnis aufkommen lassen; dieser Wald hatte nichts von Schrecken an sich, sondern besaß eine unglaubliche Frische, eine Frische, wie keine Musik sie je der Seele schenken könnte.

In diesem Wald befinde ich mich, gehe auf seinem weichen, duftenden Boden zwischen den Bäumen. Ich gehe ohne Anstrengung, in keine bestimmte Richtung. Die Luft ist ebenfalls weich und einhüllend, freundlich. Ich atme mit meinem Körper, meiner Haut, und die Luft ist eine leichte, wohltuende Substanz. Hier drinnen werden Wege nicht zu Labyrinthen, sondern bleiben Öffnungen. Eine leichte Feuchtigkeit belebt, erneuert Energien. Sie verbindet mich mit den schlanken Redwood- und den Lorbeerbäumen, die daneben in einem Geflecht aus pflanzlichen Körpern und Gliedern wachsen. Ich weiß nicht, wo ich bin, aber ich habe mich nicht verirrt. Ich bin einigermaßen eingestellt auf die Funktionsweise dieses Mikrokosmos.

ORT

Die Geschichte der Insel ist stürmisch: Sieben junge Prinzen waren in eine Höhle am Fuße eines nahegelegenen Bergs geflohen. Da sie einen Stern in ihrer Hand hielten, dachten sie, sie hätten den Himmel betreten und befänden sich inmitten göttlichen

Lichts. Unterdessen trieben Horden von Soldaten die Einwohner ins Wasser und steckten ihre Häuser in Brand. Es kam die Reihe an sie, im Meer zu verschwinden. Betäubt von dem Getöse, verwandelten die Prinzen ihre Höhle in ein versiegeltes Gehäuse. Sie erlitten einen schrecklichen Tod. Keinem Schiff ist es seitdem gelungen, an dieser Stelle vor Anker zu gehen.

LEUTE

Es ist mir ein Bedürfnis, in der Vergangenheit zu verweilen und mein Herz zu beruhigen, das in diesen Tagen zu schnell schlägt. Doch anstatt Geschichtsbücher zu lesen, ertappe ich mich beim Kauf von Landkarten. Die letzte, die ich kaufte, ist eine der Türkei.

In der Bucht von San Francisco zu wohnen und dabei eine flächige Darstellung der Türkei zu betrachten ist kein einfaches Unterfangen. Die Küstenlinie interessiert mich am meisten, aber aus Versehen habe ich eine Karte des antiken Anatolien mit den griechischen Namen sagenhafter Städte erwischt. Es hat keinen Zweck, sich selbst etwas vorzumachen! Ich sitze neben einer Lampe vor einem großen Fenster, das den Blick auf den gesamten Tamalpais-Berg freigibt, und suche mit dem Finger nach Smyrna, einem der sieben Orte, an die die Briefe des Heiligen Johannes der Apokalypse gerichtet waren. So kann ich das Wesen des heiligen Schreckens bestimmen, der als Vermächtnis auf dem Namen jener Stadt liegt. Ich weiß außerdem, daß die Stadt 1472 von den Venezianern besetzt wurde, da ich es meine Mutter jedesmal sagen hörte, wenn sie den italienischen Namen erklären wollte, den ihr griechischer Vater und seine Vorfahren jahrhundertelang trugen. Es stimmt, daß die venezianische Herrschaft nur sehr kurz währte und Tamerlans Eroberung des Gebiets von größerer Bedeutung gewesen war.

Smyrna liegt am Meer, wird aber ständig durch Feuer zerstört. Es scheint, als trieben die Götter immer noch ihr altes Spiel und legten überall am östlichen Mittelmeer Feuer. Kürzlich ergriffen sie im jüngsten Libanonkrieg Partei und komplizierten die Dinge außerordentlich. Sie bringen immerzu Saat aus für die Arbeit zukünftiger Archäologen.

Von Smyrna rücke ich nördlich nach Magnesia, Pergamon, Assos und Troja! Aber heute nacht macht Homer sich breit, und ich fühle mich müde. Ich werde im Fernsehen die Nachrichten gucken oder Joe Bacon auf der anderen Straßenseite besuchen. Morgen kaufe ich mir eine neue Karte: Recht bald schon muß ich irgendwo in tieferem Wasser vor Anker gehen. Im Moment reicht Sausalito, so wie es stets gereicht hat.

HAUS, MEIN ATEM UND FENSTER

Ich sagte zu ihm: Nimm mich mit zu dir nach Hause. Ein paar Sekunden später sagte er: Gut, laß uns mit der Straßenbahn fahren.

An der richtigen Haltestelle stiegen wir in einer engen Straße mit verdreckten Gehsteigen aus. Schweigend liefen wir ein Stück, blieben vor einer Holztür stehen, stiegen dann in den ersten Stock des Gebäudes. Er holte einen Schlüssel aus der Tasche und öffnete diese zweite Tür, durch die wir ein ziemlich großes Wohnzimmer mit einem schachbrettgemusterten Marmorboden betraten. Es war ein kühler Raum, gut gelüftet, spärlich möbliert. Ich setzte mich, er setzte sich mir gegenüber. Wir fühlten uns nicht wohl.

Komm, guck dir die Küche an, sagte er, und das tat ich und sah Töpfe auf einem Regal und einen Herd. Es roch wie in allen Küchen: nach Rosmarin, Knoblauch, Zwiebeln, Zimt … aber nur leicht. Es ist so sauber, sagte ich. Wir gingen ins Wohnzimmer zurück und traten auf den Balkon. Ich sah eine vorbeifahrende Straßenbahn, ein paar Autos, Menschen auf dem Gehsteig … Ich kehrte zu meinem Stuhl zurück, und er folgte mir. Die Hausangestellte ist nicht da, um dir Kaffee zu kochen, sagte er. Das war nicht schlimm. Ich habe heute schon genug Kaffee getrunken, sagte ich, und er blieb stumm.

Mir fiel auf, daß er ziemlich schwer atmete, und ich fand, er sah müde aus: Wir hatten die ganze Woche hindurch Prüfungen. Es hingen keine Bilder an der Wand, nur einige gerahmte Familienfotos. Ach ja!, eine Pflanze wuchs in einem großen orangefarbenen Bottich. Ein Philodendron. Wie komisch, dachte ich.

Du wolltest mein Haus sehen, sagte er, du hast mein Zimmer noch nicht gesehen. Er wirkte schüchtern, so wie sonst Mädchen in solchen Situationen. Sein Zimmer war ziemlich enttäuschend: wie ein Raum in einem nicht so teuren Hotel, nachdem das Zimmermädchen dort geputzt hat. Wer macht dein Zimmer? fragte ich, und er erwiderte, seine Mutter kümmere sich um das Haus … Also hatte er mit dem Kaffee und dem Hausmädchen gelogen. Er war sehr verlegen, und ich bedauerte meinen Besuch, ich ahnte, daß er gern reich gewesen wäre und mich mit Dingen, prächtigen Teppichen zum Beispiel, beeindruckt hätte. Ich bemerkte, daß er schwitzte, wenn auch nur leicht.

Wir standen befangen in dem Zimmer, bis er sich auf sein Bett setzte, dann meinen Arm berührte, mich zu sich zog und mich gewissermaßen zwang, neben ihm Platz zu nehmen. Ich strich mit der Hand über die Bettdecke, der Baumwollstoff war rauh. Ich wollte gehen.

Er versuchte mein Hemd aufzuknöpfen, und ich wehrte mich, er legte mir den Arm um die Schultern, und ich befreite mich, dann brachte er sein Gesicht nahe an meines, und ich mußte ihn davon abhalten, weiter zu gehen.

Er biß sich auf die Zunge. Er erklärte mir, es sei jetzt Zeit für ihn, mit einem Mädchen zu schlafen, und ich antwortete nicht. Er wurde langsam nervös, und ich starrte auf die Tür. Er sagte mit unterdrückter Stimme: Ich liebe dich. Er muß geglaubt haben, daß man auf diese Weise Liebesgeschichten beginnt. Ich machte ihm klar, daß ich nicht mit ihm schlafen wolle, nein, nicht heute, und morgen wahrscheinlich auch nicht. Er fühlte sich gedemütigt und wußte nicht, ob er gewalttätig oder sarkastisch werden sollte. Ich starrte ihm in die Augen, sie waren blaß. Wieso wolltest du dann mein Haus sehen, sagte er, und sogar noch mein Zimmer, wieso?

Gewöhnlich nahmen wir nach dem Unterricht die Straßenbahn und fuhren kreuz und quer durch die Stadt, lachten und unterhielten uns laut. Wahrscheinlich spielten wir ein Liebespaar. Aber jetzt, in einem leeren Haus und auf einem bequemen Bett, hemmte mich die Urangst, vergewaltigt zu werden, obwohl ich sehr sanft, einigermaßen verzweifelt und drängend um meine Einwilligung gebeten worden war.

Ein Mädchen geht nicht freiwillig in das Zimmer eines Jungen, außer sie hat amouröse Absichten, wiederholte er. Ich nahm seine Hand in meine, hielt sie fest und spürte die Feuchtigkeit und das Zittern, und ich küßte seinen Ärmel und sagte, das sei genug … Sein Blick verschleierte sich, und ich war ratlos, ich weinte, das heißt, Tränen stiegen mir in die Augen. Nach einer kurzen Weile versuchten wir zu lachen, da wir wußten, der Sturm würde nicht losbrechen.

POLITIK

Als J.F. Glidden im Jahre 1874 zwei Drähte nahm und sie zusammendrehte, erfand er den Stacheldraht, das Emblem unserer Zivilisation. Der Draht war dazu gedacht, Schafe und Kühe verläßlich auf ihren Weiden zu halten, zum Wohle der Farmer des Mittleren Westens, die zum größten Teil erst vor kurzem in die Neue Welt eingewandert waren. Zum einen zerstörte diese Barriere nach und nach das soziale Geflecht der Indianerstämme in den großen Ebenen, die dort frei umherzogen, jagten und sich versammelten. Zum anderen wurde diese simple Vorrichtung später zum Inbegriff der Schützengräben und Lager. Haben wir auf Bildern nicht menschliches Fleisch gesehen, das in den Stacheln hing wie Überreste eines Schiffsunglücks?! Darüber hinaus sind diese Drähte zum Exempel all der unsichtbaren Linien geworden, die Menschen, Nationen, Kontinente voneinander trennen. Die längste Stacheldrahtgrenze verläuft zwischen reichen und armen Nationen, und Politik ist mittlerweile die Kunst, diese Grenze so lange wie möglich intakt zu halten.

LETZTE WICHTIGE FAKTEN

Ich male keine Äpfel, ich zeichne Tintenfässer. Ich klettere nicht auf Berge, ich sitze in Cafés. Ich reise nicht, sondern kaufe Bildbände über exotische Gegenden, und ich schwimme nicht, sondern schreibe über das Meer.

BILDUNG

Was lehrte man die Samurai? Mut wahrscheinlich. Mut, wann, wofür? Für sterbende Kriegsherren? Für die soziale Ordnung? Für den dramatischen Akt des Harakiri?

Was haben die Maya ihren Kindern erzählt? Wir wissen es nicht; es gibt da eine große Lücke in unserer Bildung. Wir sind verantwortlich für das Verschwinden der Azteken, der Maya und der Inka. Das wilde Tier in uns kümmert das nicht.

Unsere reichen Länder leisten sich den Luxus, Kindern die Namen von Flüssen, Bergen und anderen Arten von Orten beizubringen, die sie nicht sehen, und das ist nicht nur Zeitverschwendung, sondern gefährlich, weil die Kinder taub sein werden, ohne jede Entdeckerlust, wenn sie dann tatsächlich vor ihnen stehen.

Dennoch interessiere ich mich sehr für Planeten, Sterne, Galaxien, Kometen … Da es keine Möglichkeit gibt, sie zu besuchen, besteht meine Verbindung zu ihnen nur in der Kenntnis ihrer Namen, ihrer Entfernung von uns, ihres Helligkeitsgrads, ihrer Muster am Himmel.

Einmal hatte ich das Glück, gewöhnliches Wissen zu überschreiten. Das war am 11. August 1999. Ich erlebte die totale Sonnenfinsternis im Garten der Pension Nonntal in Salzburg. Während der gesamten Dauer des Ereignisses ließ ich mich erfüllen von einer himmlischen Erscheinung unvorstellbarer Großartigkeit, absolut unerreichbar für jedwede Macht. In weniger als einer Stunde erlebte ich eine Dämmerung und ein Zwielicht, vollkommen unabhängig vom normalen Tagesverlauf, in dem sie sich ereigneten. Dieses kosmische Ereignis riß uns von der Erde los und trug uns an einen geheimen, immateriellen Ort.

EINE ANDERE PERSON

Etwas bewegte sich im Wald. Ich untersuchte meine unmittelbare Umgebung, doch alles, was ich entdeckte, war ein Eichhörnchen hoch oben in seinem Baum. Es konnte die Unruhe, die, wie ich beobachtet hatte, unter dem abgefallenen Laub entstanden war, nicht ausgelöst haben.

Wer ist vor mir diesen Weg gegangen? Jetzt gehe ich ihn schweigend, und rätselhafte Fragen bedrängen mich: Warum bin ich hierhergekommen, warum habe ich meine Arbeit aufgegeben und diese Reise gemacht? Bin ich wirklich das Kind jener Menschen, die ich meine Eltern nannte? Was wird am Ende der Straße geschehen?

Kann das Graben in Erinnerungen jemals das Herz besänftigen? Eine Flut von Bildern aus meiner Vergangenheit überschwemmt den Wald: Dieses junge Mädchen geht über die Jack-London-Farm in Glenn Ellen, gefolgt von imposanten Jersey-Kühen. Es ist direkt nach dem Selbstmord, den ihr Bruder dort auf dem Gelände beging. Er steuerte seinen Lastwagen von der Straße in eine Schlucht, und sie brauchten ihn nicht mehr ins Krankenhaus zu bringen: Es war zu spät.

Dieses junge Mädchen bestand später darauf, ein Junge zu werden, und verstörte die Familie. Ihre Mutter war entsetzt darüber, daß die eigene Tochter sich ihrem Geschlecht verweigerte, und die einstige junge Dame wurde zu einem unglücklichen jungen Mann.

Ich suche im Wald nach Mr. Shepard, dem Großvater der jungen Person, da ich auf der Farm oft am Weihnachtsessen seiner Familie teilgenommen hatte, während die Kinder nur den Berg von Spielzeug unter dem Baum im Sinn hatten. Jenes kleine Mädchen, das ihnen später so viel Kummer bereiten sollte, war die jüngste. Einmal weinte sie und prügelte ihren älteren Bruder mit den Fäusten, und er sagte, wenn sie ein Junge wäre, hätte er sie mit einem einzigen Schlag erledigt. »Dann werde ich einer«, sagte sie.

Am unteren Ende der Farm gab es einen Wald aus Tannen und Redwoodbäumen und im Frühling einen tosenden Bach. Ich höre diesen Bach jetzt, und das ist wahrscheinlich der Grund für die Bewegungen und für das Rascheln, das ich gerade vernommen habe.

DIE ERSTE PERSON

Das Bett hat ein Kupfergestell und stammt sicher vom Flohmarkt. Ich liebe seinen japanischen Überwurf aus diesem speziellen indigofarbenen Baumwollstoff, der Japans Markenzeichen ist. Rechts an der Wand reicht ein Regal aus Kirschholz vom Boden bis zur Decke, mit Kunstbänden auf dem untersten Bord, und im übrigen … na ja! Geradezu steht zwischen den Fenstern eine Kommode mit Schubladen, einige mit persönlichen Papieren, andere mit indianischem Schmuck zwischen Unterwäsche, Tüchern und Pullovern. Niemand benutzt dieses Zimmer, niemand, und das schon seit langem. Ich bin vor kurzem in das Haus gezogen und benutze die anderen Zimmer mit ihrer Einrichtung und warte … Mir schwant, daß die erste Person, die es vor meinen Augen betritt, ohnmächtig werden oder schreien oder einfach sterben wird.

HAUSHALTSÄPFEL

Äpfel lassen einen an Blumen denken. Genauso ist es. Blumen gehören zu Hochzeiten ebenso wie zu Beerdigungen. Bei einem Essen reichen einige wenige. Drei Rosen um neun Uhr abends sehen immer gut aus.

Ich holte ein paar Äpfel aus meiner Küche und legte sie in eine braune Tüte, wegen ... Cézanne?, wegen dem Obstgarten meines Onkels, damals in dem syrischen Tal, wo er seine Tage und ganz gewiß seine Nächte mit seiner zweiten Ehefrau, der Bäuerin, verbrachte?

Ich überreichte sie ›ihr‹, mit einem ernstgemeinten Antrag, in ihrer Pension, in einem Zimmer, das sie mietete, als sie, von Paris kommend, mich in meiner kleinen Stadt besuchte. Sie öffnete die Tüte und sah die farbigen Gegenstände, aber nicht all die anderen Dinge, wie z.B. die Gedanken und die Leidenschaft, die ich ihr außer den Äpfeln überbrachte. Sie war enttäuscht – wahrscheinlich haßte sie Äpfel –, und ich spürte das und spürte, daß ich ihre Liebe seit diesem Augenblick nicht mehr verdiente.

KIRCHE

Wenn du den Altar, die Kerzen, die Bilder und die Menschen wegnimmst, stehst du am Ende allein da, mit dem Wissen um eine unsagbare Katastrophe.

GESCHÄFTE

Wohin bewegen wir uns? Wir haben Zugang zu einer unbegrenzten Anzahl von Wörtern in jeder Sprache und zu bemerkenswert komplizierten Anordnungen von Sprachspielen, und doch stolpern wir immer noch über Sätze, die wir nicht beenden können, über Ideen, die wir nicht ausdrücken können. Musikinstrumente, Farben und Papier ... all das kostet Geld, doch Wörter haben keinen Marktpreis. Was geschah also mit dem Denken?

Ich wende mich ab von einer Welt, die sich meiner Kontrolle entzieht, und widme mich gänzlich der Gegenwart in ihrem mineralischsten Sinn, in ihrer Unmittelbarkeit. Zum Beispiel bin ich heute glücklich, weil es der längste Tag des Jahres ist, der offizielle Beginn des Sommers. Was mich amüsiert, ist die Tatsache, daß ich am frühen Nachmittag trotz dieses Datums die Gegenwart des Herbstes spürte. Da gab es einen leichten Wind mitten in der

Hitze, eine aufkommende kühle Brise, nach dem sanften Regen von gestern, die Jahreszeit hat Schlagseite. Das Wetter spielt verrückt.

Ich bin in Paris und stelle alberne Fragen, wie zum Beispiel: Warum ist Frankreich ein fremdes Land? Wenn dann die Dunkelheit kommt, halte ich nach Sternen Ausschau, die nicht da sind: Sie besuchen diese Stadt nicht allzu oft. Ich denke an Kalifornien, und das reicht als Beschäftigung. Seit ich in einer Wohnung ohne Blick auf Meer oder Berge lebe, wandert mein Kopf, so weit er kann, aber er hat Gewohnheiten entwickelt und versetzt mich unweigerlich an ein Meer oder einen Ozean. Darauf ist Verlaß. Ich reise nach Belieben an den Pazifik oder ans Mittelmeer, ohne Fahrkarte, ohne Flugzeug, ohne irgendwas. Meer und Ozean sind näher als das Zimmer nebenan. Sie haben die Bücher ersetzt. Sie halten mich in Bann. Sie zwingen meine Gedanken zu Fragen dieser Art: Was ist die Natur des Meeres? Gibt es einen metaphysischen Unterschied zwischen Meer und Ozean? Kann man, indem man sich in seine Wellen wirft, das Geheimnis des Meeres entschlüsseln? Besteht es nur aus Wellen in Bewegung, ist es nichts als eine Masse Wasser oder ein seltsames Wesen mit Anfällen und Zuckungen? Frag es.

Draußen, auf den Straßen von Paris, findet ›La nuit de la musique‹ statt, und die Nacht funkelt schwarz mit einem Rest von Helligkeit, und ich entschuldige mich, ich bin nicht in einem fremden Land, da Musik eine Art Heimat ist. Menschen strömen aus allen Ecken und Winkeln herbei, ich bewege mich mit der Menge. Menschen tanzen, es gibt Lärm und sogar Inseln der Stille in diesem Pandämonium, dieser festlichen Explosion.

Zeit, Begehren und Nebel

ORT

Nach vielen Reisen, zahlreichen Sonnenuntergängen und endlosen Sonnenaufgängen landete ich schließlich in B …, einem Hafen ohne Anlegeplätze, bloß eine Bucht im südlichen Mittelmeer; tatsächlich war es für uns, einige Passagiere und mich, eine Bruchlandung ohne Verletzte. Wir verbrachten die Nacht in einem Armeeposten aus dem Zweiten Weltkrieg; an drei Seiten Wüste, an der vierten die Wildnis des Meeres. Doch die Wildnis – und die Wildheit – waren in mir. Es tat gut, sich eine ganze Nacht lang auf unvertrautem Gelände aufzuhalten, zwischen einer verworfenen Vergangenheit und Ziellosigkeit angesichts der Zukunft, an einem Ort, wo eine schnelle, entschlossene Schlacht Geschichte gemacht hatte: Die Geschichte besitzt ihre Himmel und ihre Blitze; sie kann einschlagen und dann keine Spuren hinterlassen.

WETTER

Zwischen Benghazi und Beirut, weit weg von Kalifornien, weit weg vom Mount Shasta, kann kaltes Wetter zur bloßen Erinnerung werden. Im Kalender der Natur graben Blumen tief unter einer Sandkruste nach einzelnen Wassertropfen. Fast wäre ich versucht, sie zu fragen, ob ihnen bewußt ist, was in ihrem Reich vor sich geht. Aber selbstverständlich wissen sie es. Sie erleben selber, wie Blut und Luft, Haut und Schatten aufeinander bezogen sind, eine leidenschaftliche Beziehung zwischen dem Leben und dem Planeten Erde.

MEIN HAUS

Offene Türen, offene Meere, hin und wieder ein offenes Herz: Behausungen. Schlafe ich in einem Kubus aus weißen Flammen oder eher zwischen Wänden aus fließendem Wasser?

Das Haus, dem man nicht entgehen kann, ist der Körper. Manchmal ist dieses ursprüngliche Haus der Körper einer anderen, geliebten oder verachteten Person.

EINE PERSON

So wie Erinnerung funktioniert, sind wir nie allein. Der Wille ruft alte Erinnerungen wieder ins Gedächtnis, aber dann machen sie sich selbständig, bewegen sich vorwärts oder rückwärts – in jede beliebige Richtung, und sie verzehren uns, verbergen sich oder rebellieren und verweigern unserem frustrierten Verstand den Dienst. Wenn sie sich in Hexen verwandeln, fressen sie sich direkt ins Gehirn, lassen uns atem-, dann blutlos auf dem Fußboden liegen. Was von der Person übrig ist, wird, oft begleitet von langen Menschenschlangen, zu ein paar Quadratmetern Erde getragen, wo es bald den lehmigen Boden mit seinen nichtverwertbaren Organen anreichern wird.

DRÄHTE

Ehrlich gesagt, ich muß zugeben, daß es schrecklich war, einen Freund zu beobachten, in dessen Kopf sie Elektrodrähte eingepflanzt hatten. Als sie mich endlich davon überzeugt hatten, daß alles korrekt verkabelt war, daß das gesamte heilsame System gut funktionierte, fiel ich in Ohnmacht. Als ich erwachte, hatte ich rasende Kopfschmerzen, und ich schrie.

DIE KIRCHE

Wenn ich in jeder Straße eine Kirche sehe, frage ich mich, wie es überhaupt möglich sein soll, Gedankenfreiheit zu praktizieren. Aber ach, in dieser kleinen Bergstadt denken wir tatsächlich. (Mit jämmerlichen Resultaten.)

MEIN HAUS

Laß uns den Wagen nehmen, sagte ich an jenem verhängnisvollen Tag trotz der Warnung im Radio, laß uns zum Berg fahren. Simone sagte ja. Erst fuhren wir die Küste entlang. Ich registrierte die Wellen und den Wind. Dann begann es zu regnen. Das Auto verwandelte sich in eine Badewanne. (Ich weiß, ich übertreibe, aber es war wirklich voller Dampf, was das Fahren erschwerte.) Mit ihrem Ärmel wischte meine Freundin ständig die Windschutzscheibe frei. Ich machte dasselbe auf meiner linken Seite. Die

Scheibenwischer draußen benahmen sich genauso hektisch wie wir. Wir fuhren in eine Welt, die ganz vom Wasser übernommen worden war. Der Wind blies wütend von Westen. Das Auto schwankte. An einer uns bekannten Stelle bogen wir rechts ab, was uns in Richtung Osten führte. Diese Straße ist kurvenreich. Etwa eine Stunde lang fuhren wir so. Durch Schneeregen und Nässe versuchte ich etwas von dem Gebirgszug zu sehen, unterhalb dessen das Dorf lag, das unser Ziel war. Aber der Barouk wollte sich nicht sehen lassen. Nach Sitte jener Frauen, die sich immer noch verschleiern, hielt er sein Gesicht unsichtbar. Unsichtbar wie auch einige Imame der islamischen Welt oder sogar wie die platonischen Ideen, die umherschwirren und darauf warten, entschleiert zu werden.

Wir erreichten den Zedernwald. Die Bäume sahen aus, als stünden sie nicht freiwillig dort, und wedelten mit den Armen. Da sie dichte Schatten warfen, machten wir die Scheinwerfer an, und die Straße fing Feuer unter den Rädern. Die Nacht war etwas Stoffliches. Wir bewegten uns in ihr wie in schwarzem Schaum.

Wir verließen das Herz des Walds, es gab nur noch vereinzelte Bäume, und die Straße führte erst ein Stück bergab, ehe sie wieder steigen konnte. Es war ein steiles Stück auf einer schmalen Strecke, und plötzlich sahen wir einen Jeep vor uns. Es regnete in Strömen, vermischt mit Schnee, dazu der ständige Wind. Vollkommen hypnotisiert beobachtete ich, wie das schwere Fahrzeug nach rechts schlidderte, und wußte, daß es über die Böschung tief ins Tal stürzen würde, und ich folgte ihm wie gebannt, nahm sekundenschnell mit klarem Verstand und ohne jede Regung den Sturz vorweg, sagte mir, daß sie alle sterben würden und auch ich, genau wie sie, wahrscheinlich die Kontrolle über das Auto verlieren würde. Durch irgendein unglaubliches Glück kam der Jeep auf drei Rädern zum Stehen, und wir fuhren fast auf ihn auf, und ich verletzte mir das Knie und das Handgelenk. Ich fuhr dann weiter, und während der ganzen Fahrt schämte ich mich, daß ich keinerlei Trauer, keinerlei Entsetzen empfunden hatte, obwohl alles nach einem sicheren Sturz des Fahrzeugs vor uns und dem sicheren Tod seiner Insassen ausgesehen hatte. Ich hatte ruhig auf die Katastrophe gewartet und dabei vergessen, daß ich ihnen in meiner Faszination auf dieses Ende zu hinterherfuhr. Schließlich müssen wir dann wohl in dem Hotel angekommen sein, das nur ein paar hundert Meter von meinem Haus entfernt ist.

POLITIK

Rings um meine Terrasse stehen italienische Tontöpfe mit den verschiedensten Pflanzenarten. Im größten wächst wunderschön ein Rosenbusch, der das Morgenlicht einfängt. Mit ihrem Duft verstören die Rosen meinen Herzschlag.

Mein Nachbar aber hatte auf seiner Terrasse gewaltige, mit Tannen bepflanzte Fässer aufgestellt. Binnen weniger Jahre wurde mir der Blick auf das Meer verstellt.

Ich bin traurig, ich bin verzweifelt: Ein herrlicher, von allen beneideter Ort ist in ein Gefängnis verwandelt worden oder doch in etwas Abgeschottetes. So etwas tun Menschen einander an.

LEUTE

Wir befinden uns im Monat Ramadan, einem Monat zum Fasten und Beten. Von der Terrasse meiner hochgelegenen Wohnung hatte ich immer einen Blick auf das Gipfelpanorama von Barouk, Sannine und Djebel Knisseh. An einem klaren Tag natürlich. Mein Nachbar hat mir dieses Vergnügen verwehrt. Hätte ich nicht Angst vorm Gefängnis, hätte ich ihn umgebracht. Ja, mit der Unantastbarkeit des Lebens ist es an der Schwelle von Launen und Interessen vorbei. Ich kann jemanden losschicken, der ihn mit seinem Auto in die Luft sprengt, während er zur Arbeit fährt, aber diese Auftragsmordgeschichten gehen immer irgendwie nach hinten los.

WICHTIGE FAKTEN

Der Kaffeepreis ist gestiegen. Anne-Sophie Mutter spielt Vivaldis *Vier Jahreszeiten* in dieser großen Wohnung. Ich träume von Kalifornien nicht mehr in Grün, sondern in Gelb. Die Mojave-Wüste bereitet sich darauf vor, in den nächsten vier Wochen große Mengen von Atommüll aufzunehmen. Das Restaurant an der Ecke Rue de Vaugirard, Rue Madame hat geschlossen. Was geschlossen ist, ist nicht offen: radikale Schließung. Die Erde ist rund und hat nicht vor, ein Quadrat zu werden. Als ich mit Neil Armstrong da oben war, sah der Mond flach aus, aber die Erde hüpfte und purzelte über den Horizont.

Die Kosten für meine Wohnung sind überhöht. Zu viel Geld für zu viel Heizöl für zu viele Wachmänner. Ich kann nicht raus: Sie haben mich eingeschlossen. Aber mir sind schimmernde Rosen geblieben, und ich werde mir eine Gießkanne kaufen und sie gießen, tagein, tagaus, bei Regen und bei Sonnenschein.

BILDUNG

Ich höre, wie der letzte Aufruf des Muezzin zum Gebet sich über den Himmel verteilt und in Richtung zunehmender Dunkelheit versinkt. Der Tag gleitet mir aus den Händen, und während ich scheinbar sicher auf einem Stuhl sitze, spüre ich, daß ich von einer unsichtbaren Woge verschlungen werde, die mich in diese Geometrie trägt, die wir »die Welt« nennen, und gleichzeitig in etwas anderes, für das wir keinen Namen besitzen.

GESCHÄFTE

In jener kleinen Bucht gibt es ein kleines Boot. Ab dem Alter von sechs oder sieben Jahren bin ich immer dort schwimmen gegangen. Damals fühlte man sich dort geschützt (niemanden interessierte, durch wen oder vor was). Unschuldige Jahre unseres Lebens! In den späten Siebzigern explodierte dieser Stadtteil, als die nahegelegene amerikanische Botschaft in Flammen aufging. Die Bucht bebte, die hölzernen (und verrotteten) Anlagen trieben im Meer. Die Verwüstung ist immer noch sichtbar. Das Grundstück der Botschaft ist jetzt ein (florierender) Parkplatz. Das kleine Café und die anschließenden Kabinen, in denen wir uns immer rasch umzogen, sind jetzt unter einem Berg von Dauermüll verborgen.

MEIN HAUS, DIESER ORT UND KÖRPER

Verschiedene Häuser bewohnen bedeutet nicht, in jeder Jahreszeit in einem anderen wohnen. Und bedeutet Heim immer noch Bett, Küche und Briefkasten?

Dieses Zimmer, in dem ich den Turbulenzen meiner Seele folge und so meine Gedanken entwickle, hat ein Fenster, das von einer Wand zur anderen reicht und das Meer und den Himmel in den Stunden der Dämmerung hereinläßt. Ich höre den abendlichen Ruf zum Gebet, der Jahrhunderte überspannt. Dieser klageähnliche Ruf verwandelt Sprache in einen Wüstengesang. Die Sonne ist untergegangen. Die Wüste liegt sozusagen vor meiner Tür, weil Beirut eine besondere Art von Ödland ist. Die Stadt trotzt unseren Mitteln, bagatellisiert unsere Intelligenz, besiegt den Willen … Ist das erst mal gesagt, entfaltet sich ihr Geheimnis, auch ihre Schönheit.

DIESELBE PERSON

Jamal Naufal saß im Flugzeug nach Riad, als ein wütender Sandsturm die Maschine zur Landung in Dschidda zwang. Das geschah in der Abenddämmerung. Einige Passagiere hatten Verwandte in der Stadt, andere sahen sich nach Hotels um. Wie Jamal Naufal mir erzählte, habe er da beschlossen, sich ein Taxi ganz bis nach Riad zu nehmen. Ein junger Mann, etwa in seinem Alter, stand in der Nähe und machte ein verblüfftes Gesicht. Sie sahen einander an, mochten, was sie sahen: einen ordentlichen Reisenden, der auf einem Flughafen am Roten Meer festsaß.

Sie sprachen miteinander und beschlossen, gemeinsam zu fahren und die Kosten zu teilen. An ihrem Akzent errieten sie sofort, daß sie beide Libanesen waren, also ließen sie sich entspannt auf dem

Rücksitz nieder. Nach wenigen gewechselten Worten entdeckten sie schon, daß sie beide für dieselbe Baufirma im Herzen Arabiens arbeiteten.

Da sie wußten, daß sie frühestens in den ersten Morgenstunden ankommen würden, versuchten beide zu schlafen (Jamal Naufal konnte sich kaum an die langen Stunden dieser Fahrt erinnern. Es war Sommer, wir befanden uns in seinem Dorf in den libanesischen Bergen, und seine Geschichte wurde während eines Abendessens erzählt, bei dem viel getrunken wurde. Die Luft roch nach Pinien.)

Sie schliefen weder lang noch gut. Sie begannen eine neue Unterhaltung. Jamal Naufal fragte seinen Kollegen nach seinem Namen, und der Typ sagte: »Jamal Naufal. Und Sie?«

Jamal Naufal war verblüfft. Es war immer noch dunkel, und der Wagen raste auf den Strahlen seiner eigenen Scheinwerfer dahin. Die Straße sah glatt und gespenstisch aus. Sie hätten immer noch im Flugzeug sitzen können.

Er nannte seinen Namen. Der andere Jamal Naufal war ebenfalls verblüfft. Sie bekamen Angst voreinander. Sie wußten, daß es sich nicht um eine Lüge handelte. Sie tauschten ihre Geburtsdaten aus. Sie waren im selben Jahr und am selben Tag geboren. Jetzt vermieden sie es, einander anzuschauen, da sie fürchteten, zu einer Art Spiegel zu werden, der in einen Spiegel blickt.

Als sie schließlich in Riad ankamen, stellten sie über ihre Anweisungen an den Fahrer fest, daß sie dasselbe Hotel gebucht hatten.

Der Hotelangestellte im Riad Intercontinental war verwirrt. Er hatte zwar eine Reservierung für einen Jamal Naufal, aber nur für eine Person, ein Zimmer und einen Schlüssel. Er sagte: »Ja, mein Herr«, und sah erst zum einen, dann zum anderen, »wieso sind Sie zwei Personen?«, und vermutlich weil er in Indien aufgewachsen war, fügte er hinzu: »Haben Sie vielleicht zufälligerweise Ihren Doppelgänger mitgebracht?« Für den Bruchteil einer Sekunde fragte Jamal Naufal sich, ob der Angestellte nicht recht hatte. Jamal fragte sich auch. Er war todmüde.

WETTER

Wir fuhren mit dem Wagen nach Sidon am Meer entlang, da man anders nicht dorthin kommt. Es war warm im Auto, die Klimaanlage produzierte ein Miniklima für zwei. Irgendwann drückte ich einen Knopf und ließ das Fenster herunter. Kalte Luft wehte herein. Was für eine Wohltat kann so ein Luftzug für ein überhitztes Gesicht sein! Ich zögerte eine Weile, da ich fürchtete, mich zu erkälten, wenn das Fenster zu lange offenblieb. Das Rauschen des Meeres folgte dem des Winds. Es war kein allzu starker Wind, aber ich wollte nichts riskieren. Ich machte das Wagenfenster wieder zu, wie ich so viele Male so viele Dinge aus meinem Leben ausgesperrt habe.

ORT

Wir – Jussuf und ich – suchten nach einer Seifenfabrik, die gerade restauriert wurde, und diese Suche machte mir klar, daß ich kaum etwas über die kleine Stadt wußte und mich sehr leicht in dem komplizierten Geflecht ihrer engen Gassen verirren würde. Die Souks von Sidon sind ungefähr 15 Kilometer lang – mittelalterliche Straßen mit Geschäften rechts und links und so eng, daß es kaum für Fahrräder reicht. Die Waren ergießen sich in alle Richtungen, und zwischen Plastikzeug und Menschen kommt man kaum vorwärts. Wir sind weit entfernt von den überdachten Märkten in Aleppo oder Istanbul. Die Gassen von Sidon sind schmaler als irgendwo sonst auf der Welt, und sie sind vergessen. Obwohl diese Stadt ungefähr siebzehnmal in der Odyssee erwähnt wird, interessiert sich niemand für sie außer sie selbst, und das macht sie zu einem herrlichen Objekt für Entdeckungen. Wie ein Archäologe, der gleichzeitig Futurologe ist, kann man einen Ort ent/decken – aufdecken –, der nur gut 30 Kilometer von der Stadt entfernt ist, in der man geboren wurde. Was könnte interessanter sein?!

Sie wanderten durch die jüngsten Ruinen von Beirut: Sie sprach von den Schweden, als hätten die das Kino erfunden, und erinnerte an *Persona* und *Wilde Erdbeeren*, wobei sie betonte, daß sie die Filme als Studentin in den Sechzigern gesehen hatte, und zwar in einer Autowerkstatt in Berkeley, aus der eine Frau namens Pauline Kael, die sie nie vergessen hatte, ein Kino gemacht hatte. Inzwischen ist sie natürlich viel älter, doch sie hatte sich in den Typ verliebt, mit dem sie den Spaziergang machte. Er erklärte ihr, daß er noch nie westlich von New York gewesen sei … Ihr fiel plötzlich ein (lag das an der Sommerhitze?), daß er eines Tages sterben würde und daß es bald sein könnte … »Wenn ich sterbe«, sagte er, »dann beeil dich bitte. Muslime bewahren eine Leiche nicht lange auf.« »Ich werde nicht zulassen, daß sie dich holen«, erwiderte sie ruhig, »ich werde dich, solange es geht, für mich behalten. Verlaß mich nicht!«

Ihre Panik steckte ihn allmählich an. Hinter seinen Worten spulten sich Gedanken wie von einer Filmrolle ab: Wenn er erst mal tot war, würde er nicht mehr zurückkehren und ihr in ihrer Trauer beistehen können. Er war in der Klemme: Er mußte weiterleben.

Sie kamen zu einem netten Hotel in der Innenstadt mit einer Bar mit Aussicht im dreizehnten Stock, und die ganze Nacht lang tranken sie eine Menge Bier.

MEIN HAUS MEINE KATZE MEINE GESELLSCHAFT

Wie läßt sich das Selbst vom Nichtselbst trennen? Auf diese Frage wird sich vielleicht nie eine Antwort finden, aber sie kann in den verschiedensten Formen fortgeführt werden. War ich schon eine Katze, als ich die erste Katze, die mir begegnete, als solche identifizierte? Nur dasselbe erkennt dasselbe, dachte ich immer.

Alles was uns Gesellschaft leistet, ist selbst Bestandteil des Bewußtseins, das das Selbst von sich hat, und ist nicht das Selbst das Bewußtsein seiner selbst?

Es scheint, daß tief innen im Selbst ein Austausch von Identitäten stattfindet, ein Austausch zwischen Menschen, Tieren und Gegenständen. Vorsicht: Faß das Glas Wasser da vor dir nicht an. Du kannst, wenn du daraus trinkst, zu Wasser werden und auf den Boden fließen und den Teppich ruinieren … und mußt dich dann bei deinem Gastgeber entschuldigen.

POLITIK

Als die Götter von sich selbst glaubten, sie seien ebenfalls Menschen, bildeten letztere sich ein, sie seien nun Götter geworden. Seit jener Zeit gibt es keinen Frieden mehr, weder im Himmel noch auf Erden.

WEITERE WICHTIGE FAKTEN

Beschreibung des Hafens. Der Lage, der Berge, der Hügel. Beschreibung des bläulichen Schnees, der dünner werdenden Luft. Horizontaler Wolken. Der Leuchtkraft des Himmels, des Widerscheins des Sonnenuntergangs auf der Schauseite des Bergs. Der folgenden Namen: Sannine, Djebel Knisseh, Dhour … Beschreibung langsamer Sommer, der von Pracht überwältigten eigenen Seele. Beschreibung des Frühlings, der zwischen Felsen überdauert, von Wasserfällen, die freundlich zu Ziegen sind, von Blitzen, die in Bäume einschlagen. Von versteinerter Schönheit und gestrandeten Reisenden. Beschreibung der Augen eines Schäfers beim Erröten eines Mädchens, von Nebel, von Mondaufgang über Gottheiten. Beschreibung klarer Luft und trüber Gedanken, des Wartens, des Wachens, des Mangels. Beschreibung dessen, was nie beginnt, und dessen, was nie endet.

BILDUNG

Es ist immer eine Frage von Wiederholung und Kastration, von Gehorsam und Zurückweisung, von Lernen und Vergessen, von Annäherungen und kodifizierten Lügen, von Errettung um den Preis von Vernichtung.

GESCHÄFTE

Von Fenstern mit Blick auf einen einsamen Baum, Träumen zukünftiger Küsse, einer Angelegenheit von Plakaten mit stechenden Sternen, von Hunger nach mehr Schokolade und weniger Brot, Ausflügen in die Taschen eines anderen Kindes, langen Stunden unter heftigem Regen, quatschnassen Schuhen und Gummischuhen, von Wolken, die über Schultafeln wandern, einem Einzelbett in der kältesten Ecke eines Zimmers.

DIESELBE PERSON

Und nun hör zu: Wir hielten an einer Kreuzung, mitten in einem fürchterlichen Verkehrschaos. Die Fahrzeuge trist, staubig, verrückt, in alle Richtungen durcheinanderwimmelnd. Da die Sicht gleich null und die Straßen voller Risse waren, wurde ich unruhig. Ununterbrochen schob sich ein dichter Menschenstrom durch die Straßen. Wo ist die Fabrik?

Wir biegen falsch ab und fahren im Schneckentempo durch eine Gasse, die deutlich für Autos nicht geeignet ist. Die Geschäfte quellen über von Waren, Kleidern, Schuhen und … Süßkram! Der Einfallsreichtum des Orients beim Erfinden von Gebäcksorten ist hier auf seinem Höhepunkt.

Ich stieg aus dem Auto, obwohl es den Verkehr blockierte, da ich meine Enttäuschung nicht mehr beherrschen konnte.

Ich weiß, daß ich mich in eine Sackgasse manövriere. Weiter vorn wird die Beleuchtung schwächer, lichtet sich die Menge, wächst das Schweigen. Ich setze meinen Weg fort. Jussuf folgt mir.

Jetzt bin ich allein, und die Gassen werden zu einem Labyrinth. Hier wird es richtig dunkel. Das Pflaster aus glatten Steinen fühlt sich wie Seife an. Noch kann ich die Mauern erkennen, die meine Schultern berühren. Ich bin kurz davor, in Panik zu geraten, halte aber durch, halte den Atem an und meine Angst im Zaum. Als einziger Ausweg bleibt mir meine Phantasie, und sie gerät in Brand.

Ich setze meine Odyssee fort. Wahrscheinlich befinde ich mich unterhalb der Erdoberfläche, und auf der Suche … ich bin Orpheus.

Ich höre Musik. Warum braucht Orpheus Musik? Dehnt Musik die Grenzen der Phantasie aus? Erweitert sie unsere Sinne, indem sie den kleinsten Raum in einen Ozean verwandelt? Orpheus spielt Musik und singt: In seinem Fall wäre normale Sprache bleiern.

Er stimmt alte griechische Volksweisen an. Er weint. Das Labyrinth vernimmt kein Lied, sondern eine Klage. Orpheus merkt, daß er eine verbotene Stadt betreten hat und daß Eurydike noch weiter unten wohnt, im Abgrund, im Unbekannten.

Seine Suche geht weiter; er ist von göttlichem Wesen, doch das nützt ihm nichts. Er geht mit ausgestreckten Armen weiter und tastet nach einem Geist, der vor ihm hergeht, in einem Reich, das er noch nicht greifen kann.

Wie könnte Orpheus in seinem zum Scheitern verurteilten Bemühen fortfahren, wenn er nicht wüßte, daß es zu spät ist? Das Labyrinth, das er betreten hat, ist eine Einbahnstraße. Es stürzt hinter jedem zusammen, der es wagt, seine Tunnel zu betreten.

Er kann nur weitergehen und nach Eurydike rufen. Sein Verstand stockt. Alles was ihm bleibt, ist der Schatten seiner Phantasie, der ihn in tiefere Dunkelheit, noch tiefere Verzweiflung führt.

Jetzt ist das Labyrinth ganz zusammengestürzt. Es hat keine Spur hinterlassen. Das Licht über der Stelle, wo es sich befunden hat, ist tödlicher als die Leere.

DRÄHTE

Eine Hexe erzählt Kindern düstere Geschichten. Zum Beispiel die von einem Menschen, der aus seinen Schuhen herauswuchs, während er Zahlen aufsagte, oder die von einem anderen, der Berge allein dadurch versetzte, daß er sie anschaute. Alle Eltern, die in dem Viertel wohnten, versammelten sich und beschlossen, die Hexe in ihrem Haus einzusperren. Sie versiegelten ihre Haustür mit kleinen Metallfäden.

WETTER

Mit dem Alter kommt der Winter.

ORT

Der kleine Hof ist nach römischer Art terrassiert. Ringsherum stehen Feigenbäume. Ein bißchen weiter weg rankt sich Wein. Der Boden ist mit flachen Steinen gepflastert, die rosafarbene Streifen haben, als wäre viel Wein in ihre Maserung geflossen.

LEUTE

Diesen jungen Mann kennst du noch nicht. Deine Sinne beleben sich durch seine Anwesenheit. Du möchtest, wie ein Dieb, wie ein Wal, wie ein Liebender, alles in dich aufnehmen, was er dir schenkt.

HAUS, MEIN ATEM UND FENSTER

Die Unterhaltung mit Menschen aus meiner Vergangenheit, die vor kurzem gestorben sind, hat mich erschöpft. Ich wünsche mir, daß sie nie mehr zurückkehren. Werde ich dann aber dazu verdammt sein, für den Rest des Lebens durch mein Fenster in die Welt zu blicken? Alles was ich eben jetzt sehe, sind Tupfer von Sonnenlicht.

POLITIK

Ein Mann liegt gegen den Stamm eines Magnolienbaums gelehnt, und dieses Bild mischt sich mit den farbigen Abendwolken. Seine Frau kommt mit einer Schale Reis. Er ist sich sicher, daß sie ihn liebt, und lächelt, aber alles, was sie will, ist sich paaren und töten.

LETZTE WICHTIGE FAKTEN

Verwirrung verbreitet sich problemlos über Kontinente, und Identitätsfragen zerfließen in den Reagenzgläsern, in denen unser Wille getestet wird. Hitzewellen entstehen und zerstören unsere Fähigkeit, die Glieder ohne Schmerzen zu gebrauchen. Wir klammern uns an die Erinnerung von Leichtigkeit. Wir sehnen uns nach Zitronen- und Zwergorangenbäumen.

Glaubt nicht die üblichen Geschichten über Eifersucht, wird uns gesagt. Die Maschinen sind abgestellt worden. Die Stille verspricht nicht das Erscheinen einer jubelnden Menge. Überall ist Verfall sichtbar. Sichtbar ist auch Triumph.

Sie zwängten das noch schlagende Herz aus seinem Käfig. Wir wünschten, die Zeit möge sich beschleunigen, wir wurden gegen einen Baum weggeworfen.

BILDUNG

Wenn ich den perfekten Beweis dafür bräuchte, daß ein eigenes Haus ein Gefängnis ist, würde ich Malapartes Haus in der Bucht von Neapel nehmen. Wir wissen, daß es vom Schriftsteller nach dem Plan einer sizilianischen Kirche auf der Insel Lipari entworfen wurde, wo er auf Anweisung Mussolinis fünf Jahre in der Verbannung lebte. Das Haus ist eine Insel auf einer Insel. Auf einem uneinnehmbaren Felsen sicherte Malaparte seine Fenster mit Eisenstangen.

Wenn man dort steht, begreift man mit unerträglicher Deutlichkeit, daß selbst die weiteste Meereslandschaft schnell zur bedrückendsten Form von Isolation führt, die einem widerfahren kann.

EINE ANDERE PERSON

Orpheus betrieb ein Musikgeschäft, verkaufte Videos an Halbwüchsige und zeigte erwachsenen Fanatikern in einem Hinterzimmer gelegentlich Pornofilme.

Eines Nachmittags kam ein junges Mädchen in den Laden und fragte nach Glucks *Orpheus und Eurydike*: Er fand die CD und zeigte sie ihr. Seine Hand berührte ihre, und beide erröteten. Sie blickten einander lange an. Sie waren wie versteinert. Sie zitterten vor Erregung. Endlich brach sie den Bann. Sie nahm etwas Geld aus ihrer Börse, zahlte und ging.

Er blickte immerzu auf die Stelle, wo sie eben noch gestanden hatte, und Entsetzen packte ihn.

Eine seltsame Wärme befiel seinen Körper. Er mußte unbedingt an die Luft. Er stürzte auf die Straße, nachdem er sein Geschäft geschlossen hatte.

Eine ganze Weile wanderte er ziellos umher. Dann besuchte er ein paar Musikgeschäfte, ging hinunter zum Strand, entdeckte einige Fischer. Seine Augen wurden müde. Menschen, Autos, Häuser, alles überflüssig, dachte er.

Er betrat die Altstadt von Sidon mit ihren unzähligen Gassen. Die Mauern wurden zu Wellen, denn seine Phantasie stand in Flammen. Wellen wurden zu Flammen. Er fand seinen Rhythmus in dieser Verwandlung. Er nahm die Nay*, die er bei seinem Aufbruch eingepackt hatte. Er begann behutsam, in sein Instrument zu blasen.

Das Gewirr der Gassen irritierte seinen Orientierungssinn. Das Labyrinth verschluckte ihn. Er spielte noch immer sein Instrument. Die Musik war klagend. Er bat Gott, ihm zu helfen.

Er vernahm keine Antwort, er ließ das Beten sein. Er fühlte sich völlig verlassen.

Er spielte eine Weise aus Glucks *Orpheus* … und rief: »Eurydike! Eurydike!« Die Mauern bebten, und das Echo der Rufe ertränkte

* Nay, klassische arabische Rohrflöte. (AdÜ)

seinen Verstand. Er betrat ein Reich ohne Wiederkehr, einen Weg ins Nirgendwo … Er wußte, daß er ihr niemals mehr würde begegnen können, gerade weil er sie suchte. Als letztes fiel ihm noch ein, daß jeder Verlust ein Abstieg in die Hölle ist.

DIE ERSTE PERSON

Unterdessen war sie nach Hause gegangen und hatte die CD in eine Schublade gelegt; sie hatte den Schlüssel umgedreht.

Sie fuhr auf einer langen Straße, die zum Berg führte, bis an den Rand des Waldes. Es war ein klarer Septembertag, als sie den Wald betrat.

Sie begrüßte die Bäume und ihre Frische. Es waren Zedern. Sie betrat den Wald in der Gewißheit, daß niemand ihr dorthin folgen werde. Sie fand einen Weg, verließ ihn aber zugunsten unerforschter Gegenden. Während sie weiterging, wurde der Wald immer dichter. Sie hörte Töne, doch es konnte nicht Musik sein …

Sie wollte das Bild des jungen Mannes aus dem Musikgeschäft unbedingt in sich wach und lebendig halten … sie hörte Glucks Musik in ihrem Kopf und dachte, eine Oper ist ein Wald, und auf der Spitze eines jeden Baumes gibt es eine Stimme, ein Wort, einen Ton.

Sie schlief ein. Die Vorstellung, daß sie schließlich an Durst oder Hunger sterben würde, kümmerte sie nicht. Der Wald ist wahrscheinlich das verheißene Paradies, dachte sie.

Nach ein paar Wochen – zumindest erschien es ihr so – fühlte sie sich schwach. Etwas Wasser und ein paar versteckte Beeren unter den Zedern reichten ihr kaum als Nahrung. Sie gestand sich ein, daß sie die Musik, die sie gekauft hatte, höchstwahrscheinlich nicht mehr hören würde.

Der junge Mann begleitete sie in ihrer Phantasie. So lebten sie im Wald dennoch zusammen, in der seltsamen Form seiner Abwesenheit. Das Wort Liebe erschreckte sie. Es bedeutete Unheil.

Es war zu spät. Wenn er sie jetzt fände, würde es eine sterbende Frau sein, die er fände. Wenn er sie wieder zum Leben erweckte, hieße das, an der Seite eines Menschen zu leben, der dem Tod begegnet ist ... und der Tod wird auf ewig zwischen ihnen stehen, wie eine Seuche, die beide infizieren wird. Die junge Frau, die sie ist, wird mit dem Zeichen des Untergangs gebrandmarkt werden.

Dann hörte sie plötzlich Geräusche, das Knistern von Piniennadeln, sah Rauch; eine dunkle Wolke kroch über den Waldboden, und sie begriff, daß da ein Feuer war, daß der Wald brannte und daß auch sie bald brennen, zu Asche werden und verschwinden würde, ohne die geringste Spur zu hinterlassen.

HAUSHALTSÄPFEL

Dionysos machte aus zerquetschten Apfelkernen tödlichen Wein. Er trank das finstere Gebräu, und bevor er starb, hatte er eine Vision von jungen Frauen, die davon kosteten und selber glänzten wie diese Gift enthaltende Frucht, die wir ohne weiteres essen.

KIRCHE

Die dramatische, ziemlich hoffnungslose Suche nach der Vergangenheit quält uns in unseren Nächten und verdunkelt die Gegenwart. Aber ich habe Ozeane überquert, nur um die Erinnerung an einen bestimmten Ostertag meiner Kindheit aufzufrischen. Ich nahm die Straße, die zu der Schule gleich bei meinem Haus führte, saß, den Kopf in die Hände gestützt, in einem Café, blickte unendlich lang auf das Meer, ließ meinen Körper in Erschöpfung und Schmerz versinken ...

Eines Tages kam der Wind plötzlich von der Seite, berührte mein Ohr, umhüllte mich. Ich zitterte, mein Herz flatterte, entzog sich, da fühlte ich mich weich und körperlos, schwerelos, verlor das

Gefühl für Selbst und Nichtselbst. Ich wurde pure lebende Substanz, undefinierbare Existenz, und die Brise änderte die Richtung, blies sanft von der entgegengesetzten Seite, und sie brachte die Auferstehung, brachte jenen besonderen Feiertag, unversehrt mitsamt Ort und Wetter, in die Gegenwart meiner Seele. Ich erlebte die Gleichzeitigkeit von Vergangenheit und Gegenwart, erlebte das Wunder, Kind und erwachsen zu sein, unschuldig und überbewußt, ich befand mich im April und Dezember, in einer absoluten Realität, die nicht Abstraktion war. Sogar das Wetter schien dem Heiligen Geist der griechischen Theologie zu ähneln. Ich atmete als Kind und als Erwachsene in einem, wie ich, zu Frühling und Winter verdoppelten Klima, und all dies war schon vorbei im Augenblick, in dem es bemerkt wurde.

GESCHÄFTE

Am letzten Tag dieses Ramadan läuft alles wie sonst. Doch das Fasten hat Körper und Seelen ausgetrocknet. Die Kaufleute sind froh, daß sie ihre Geschäfte schließen, nach Hause gehen und sich heilig fühlen können.

In einer Kriegszeit leben

Nichts sagen, nichts tun, auf der Stelle treten, sich bücken, sich aufrichten, sich Vorwürfe machen, stehen, ans Fenster gehen, sich mittendrin anders besinnen, zu seinem Stuhl zurückkehren, wieder aufstehen, ins Bad gehen, die Tür schließen, dann die Tür öffnen, in die Küche gehen, weder essen noch trinken, an den Tisch zurückkehren, gelangweilt sein, ein paar Schritte auf dem Teppich machen, in die Nähe des Kamins kommen, ihn anschauen, ihn öde finden, nach links bis zur Eingangstür gehen, ins Zimmer zurückkehren, zögern, weitergehen, nur ein bißchen, ein kleines Stückchen, haltmachen, die rechte Seite des Vorhangs zuziehen, dann die andere Seite, die Wand anstarren.

Auf die Armbanduhr, die Wanduhr, den Wecker sehen, auf das Ticken horchen, darüber nachdenken, wieder hinschauen, zum Wasserhahn gehen, den Kühlschrank öffnen, ihn schließen, die Tür öffnen, die Kälte spüren, die Tür schließen, Hunger haben, warten, auf die Essenszeit warten, in die Küche gehen, erneut den Kühlschrank öffnen, den Käse herausnehmen, die Schublade aufziehen, ein Messer herausnehmen, mit dem Käse ins Eßzimmer gehen, den Teller auf den Tisch stellen, den Tisch für eine Person decken, sich setzen, den Käse in vier Portionen teilen, ein Stück nehmen, den Käse in den Mund einführen, kauen und schlucken, zu schlucken vergessen, tagträumen, wieder kauen, in die Küche zurückgehen, sich den Mund abwischen, sich die Hände waschen, sie abtrocknen, den Käse wieder in den Kühlschrank legen, die Tür schließen, den Tag loslassen.

Radio hören, es ausmachen, ein bißchen umhergehen, nachdenken, das Nachdenken sein lassen, nach dem Schlüssel suchen, überlegen, nichts tun, das Verrinnen der Zeit bedauern, eine Lösung finden, Lust haben, an den Strand zu gehen, merken, daß die Sonne sinkt, sich beeilen, mit dem Schlüssel hinuntergehen, die Wagentür öffnen, sich setzen, die Tür zuziehen, den Schlüssel ins Schloß stecken, ihn umdrehen, den Motor warmlaufen lassen, horchen, kontrollieren, ob alles frei ist, zurücksetzen, losfahren, rechts abbiegen, dann links, geradeaus fahren, der Straße folgen, viele Kurven nehmen, die Küste hinunterfahren, auf den Ozean blicken, ihn bewundern, sich glücklich fühlen, den Hügel hochfahren, die andere Seite erreichen, dann geradeaus fahren, haltmachen, kontrollieren, ob der Ozean auch nicht verschwunden ist, glücklich sein, den Motor abstellen, die Tür öffnen, aussteigen, die Tür schließen, geradeaus schauen, die Brise genießen, in die Wellen hinausgehen.

Aufwachen, sich recken, aus dem Bett steigen, sich anziehen, zum Fenster stolpern, von der Schönheit des Gartens bezaubert sein, die Beschaffenheit des Lichts beobachten, die Rosen von den Hyazinthen unterscheiden, sich fragen, ob es nachts geregnet hat, Verbindung zum Berg aufnehmen, seine Farbe wahrnehmen, schauen, ob die Wolken wandern, stehenbleiben, in die Küche gehen, etwas Kaffee mahlen, das Gas anzünden, Wasser heißmachen, es kochen hören, Kaffee aufgießen, das Gas ausmachen, den Kaffee einschenken, beschließen, den Kaffee mit Milch zu trinken, die Flasche herausholen, Milch in den Aluminiumtopf gießen, sie erhitzen, vorsichtig sein, einschenken, den Kaffee mit der Milch mischen, die Hitze spüren, die Tasse zum Mund führen, trinken, noch einmal trinken, sich die Tagespflichten vor Augen führen, aufstehen und in die Küche gehen, zurückkehren und das Radio anmachen, es lauter stellen, hören, daß der Krieg gegen den Irak begonnen hat.

Immer ungeduldiger werden, hungrig sein, Nägel kauen, eine Jacke tragen, die Tür öffnen, den Hügel hinuntergehen, auf die Bucht blicken, Schiffe sehen, ein großes Segelboot entdecken, weitergehen, atemlos sein, nach links abbiegen, dann nach rechts, den Sushi-Ran betreten, warten, die Kellnerin anschauen, sie rufen, die Ellbogen auf den Tisch legen, sie wegnehmen, als der Tee kommt, bestellen, essen, trinken, Stäbchen benutzen, fertig sein, sich den Mund mit der Serviette abwischen, die Rechnung studieren, Geld abzählen, bezahlen, sich freundlich bedanken, hinausgehen, wieder die Straße hochwandern.

Früh aufstehen, rasch zur Auffahrt hinunterlaufen, nach der Zeitung sehen, sie aus ihrer gelben Tüte nehmen, auf der Titelseite KRIEG lesen, feststellen, daß KRIEG eine halbe Seite einnimmt, spüren, wie ein kalter Schauer den Rücken hinunterläuft, sich sagen, daß es soweit ist, wissen, daß sie es gewagt haben, daß sie die Linie überschritten haben, lesen, daß Bagdad bombardiert wird, sich einen Feuerregen vorstellen, den Lärm hören, todunglücklich sein, die Bäume anstarren, langsam hochgehen und dabei lesen, erneut die Titelseite betrachten, wieder KRIEG lesen, das Wort anschauen, als wäre es eine Spinne, sich wie gelähmt fühlen, sich bei sich selbst nach Hilfe umsehen, sich mit Hilflosigkeit auskennen, den Telefonhörer abnehmen, es sein lassen, sich anziehen, aus den Fenstern sehen, an der Schönheit des Tags leiden, die Verursacher solcher Verbrechen auf den Tod hassen, feststellen, daß Nachdenken nichts nützt, die Handtasche nehmen, die Treppe hinuntergehen, Menschen zu Brei geschlagen sehen, sagen, ja, es ist wirklich ein herrlicher Tag, gar nichts wissen, weitergehen, die Gleichgültigkeit zwischen den Menschen konstatieren.

Zu Mittag essen. Ein Bier verlangen. Seine Bestellung aufgeben. Trinken, essen und zahlen. Aufbrechen. Nach Hause kommen. Den Schlüssel finden. Eintreten. Warten. Über den Krieg nachdenken. Auf die Uhr sehen. Die Nachrichten anstellen. Dem Gift, das die Kriegsberichterstatter absondern, zuhören. Kopfschmerzen bekommen. Trockene Kekse essen. Das Radio wieder anstellen. Bomben auf Bagdad fallen hören. Krankenwagen hören. Auf den Balkon hinaustreten. Die länger werdenden Schatten auf dem Gras betrachten. Ein paar tote Fliegen auf dem Fensterbrett zählen. Zum Tisch gehen und die Post durchsehen. Sich entmutigt fühlen. Etwas Wasser trinken. Den Wind nicht verstehen. Sich fragen, ob die Menschheit nicht in Chaos ist. Den Planeten in die Luft sprengen wollen. Menschen bewundern, die gegen den Krieg demonstrieren.

Einen Krieg aus der Ferne hören. Für andere: bombardieren, ein Land auslöschen, eine Zivilisation in die Luft sprengen, die Lebenden vernichten. Von einer Idee ablassen, sich einer anderen zuwenden. Aufbrechen. Die Golden Gate Bridge überqueren. Nach San Francisco hineinfahren. An der Ampel halten. Sich am leuchtenden Grün freuen. Auf der Market Street sein. Zu viele Polizisten sehen. Angewiesen werden, weiterzufahren. Junge Männer sehen, die am Ende des Demonstrationszugs festgenommen werden. Die Spannung spüren, die in der Luft liegt. Valencia suchen. Bis ganz nach Connecticut fahren und den Wagen parken. Durch das Tor vom CCAC gehen. In einem Raum sitzen, der dunkel ist. Einem Dichter zuhören, dann einem weiteren, über eine Zeit sprechen, die vorbei ist.

An einer Tankstelle halten und tanken. Den Berg hochfahren, kurz zum Tamalpais-Berg hinschauen. Eine Pause machen, atmen, nachdenken. Einen Weg entdecken und über nassen Boden laufen. Sich an der ungeheuren Vielfalt der Grünschattierungen am Berg erfreuen. Die Augen zum Himmel erheben und zurück zum Horizont wandern lassen. Die verschiedenen Grautöne des Himmels miteinander vergleichen. Mit den Wolken zu sprechen versuchen. Ja, das ist unmöglich sagen. Bei dem Geheimnis von Kommunikation verweilen, ihre Abwesenheit beklagen. Sagen, das ist in Ordnung, sich dann selbst nicht glauben. An die Morgennachrichten denken, entsetzt sein. Verachten. Hassen. Seinen Kopf von überbordenden Emotionen befreien. Bedauern, daß das Böse existiert. Sich selbst die Existenz des Bösen vorwerfen. Es am liebsten vergessen wollen und nicht in der Lage dazu sein. Sich in Tod hüllen.

Die Seite umschlagen, ohne in ein neues Leben zu treten. Das Radio anstellen. Zuhören und viel Gift ins Gesicht bekommen. Die Stunde, das Feuer, Sintflut und Hölle verfluchen. Die Geduld verlieren. Das Schicksal lynchen. Den Flug der inneren Niederlage am Erreichen des Zentrums hindern. Widerstand leisten. Aufstehen. Das Radio lauter stellen. Erfahren, daß die Zahl der Demonstrationen gegen den Krieg wächst. Zugeben, daß die menschliche Natur viele Facetten hat. Wissen, daß der Krieg überall ist. Zugeben, daß einige nun mal gewinnen. Etwas Wasser trinken. Sich im Kreis drehen. So tun, als wäre man nicht erschöpft. Daran glauben. So tun als ob. Mit seinem Herzen diskutieren. Mit ihm reden. Es wenn möglich beruhigen. Die Brutalität der technologisch aufgerüsteten neuen Kreuzzüge verfluchen. Weiterhin im Zweifel sein. Ihn triumphierend abschütteln.

Wegen der Sonntagszeitung nach unten laufen. »Ziel: Bagdad« lesen. Zurück zum Radio, etwas über die amerikanischen Regierungskritiker hören. Hören, daß die Schwarzen mit überwiegender Mehrheit gegen den Krieg sind, daß die Iraker Widerstand leisten. Ein bißchen putzen. Sich mit seiner inneren Wut abfinden. Das Vorhandensein des Bösen, die Existenz von Schmerz zugestehen. Nicht in der Lage sein, die eigene Energiequelle zu entdecken, innen. Den Protestierern dankbar sein, wohl wissend, dass sie von ihrem moralischen Empfinden selbst gerührt sind. Etwas riskieren, das tun sie. Glauben, daß die arabischen Staaten unsicher sind, um es vorsichtig auszudrücken. Das Radio unerträglich finden.

Warten auf die Reaktion, die Rache. Durst haben, sich erhitzt fühlen, dann frieren. Den Körper infiltrieren, sagt das Böse. Vom Bösen sprechen. Einen Anruf machen. Nicht alles sagen, was man denkt. Nicht über alles nachdenken, was man weiß. Auflegen. Die Tippex-Flasche nehmen und mit dem Löschen von Erinnerungen beginnen. Nicht hungrig sein und dennoch essen. Mit dem Essen andere Bedürfnisse befriedigen. Ekel empfinden. Die Toten auf beiden Seiten zählen. Auf das Radio zurückkommen und sich dazu gratulieren, daß man keinen Fernseher besitzt. Die ägyptischen, türkischen, jordanischen, syrischen und irakischen Reporter im Radio hören. Sich erschöpft fühlen.

Das Licht bewundern, den Frühling preisen. Den Müll hinunterbringen, den Deckel zuklappen. Auf dem Weg nach oben die Glockenblumen anschauen, das Eisenkraut und den Salbei riechen. Zurück im Wohnzimmer die Stille hören und wägen. An der Katastrophe leiden. Nichts tun. Über die Geschichte nachdenken, dann diesen Gedanken verwerfen. Einige Bücher auf dem Regal geraderücken, eine ganze Anzahl wegwerfen. Eine Illustrierte in die Hand nehmen, sie wieder in ihren Korb werfen. Auf eine vergessene Übersetzung von Parmenides stoßen. Ein paar Sätze lesen, seine Ungeduld entdecken. Ihn später zu lesen beabsichtigen, doch im Augenblick gibt es kein »später«. Die Gegenwart als absolut bleiern empfinden.

Sachen ordnen. Ein Tagebuch von 1975 finden. Zufällig »Zurück von Damaskus« lesen. Weiter lesen: »Sonntag, der 12. Mawakef-Treffen.« Das Notizbuch auf dem Tisch liegen lassen. Den Radiosender KPFA* anstellen. Die Nachrichten wie einen bitteren Trank schlucken. Terror produzieren, das ist Krieg. Sich in Grausamkeit suhlen, das ist Eroberung. Brennen. Töten. Foltern. Demütigen: Das ist Krieg, wieder und wieder. Versuchen, den eisernen Ring zu durchbrechen. Wenigstens in die Stadt fahren, in der Caledonia parken. Zu Fuß am Wasser entlang bis ganz zur Walhalla gehen. Mit ungläubigen Augen den Mast eines außergewöhnlich schönen Segelboots messen. Den schwarzen Rumpf und seine Schlankheit bewundern. Die Leichtigkeit des Segelboots mit der moralischen Trägheit der Regierung vergleichen. Eingestehen, daß man nichts tun kann.

Ein Militärflugzeug über Afghanistan abschießen. Die Sonne willkommen heißen. Die Pflanzen gießen. Den Schlauch zusammenrollen. Ihn wieder aufrollen. Weitergießen. Den Schlauch an der Mauer deponieren. Schatten vertreiben und dabei sich selbst vertreiben. An die Schreibmaschine zurückkehren. Wegen des Farbbands beunruhigt sein, überlegen, ob es durch ein neues ersetzt werden muß. Seinen Appetit auf Sorbet zügeln. Schwer atmen. Seinen Zorn dämpfen, seine Sorgen beiseite schieben. Die Schuhe ausziehen und andere anziehen und das Ergebnis genießen. Schauen, wie spät es ist. Das Tintenfaß entkorken. »Montblanc«

* KPFA, alternatives Radio aus Berkeley, Kalifornien; gilt als erstes nichtkommerzielles Bürgerradio überhaupt. (AdÜ)

auf dem Etikett lesen. Fürchten, daß die Tinte verfliegt. Sorgfältig das Tintenfaß verschließen. Auf die Uhr sehen und feststellen, daß es Zeit für die (schlechten) Nachrichten ist. Sich damit abfinden.

Im Terminkalender lesen, daß Lyn Kirby zum Mittagessen kommt. Über die Greueltaten diskutieren, die die Briten und die Amerikaner im Irak begangen haben. Sie sagen hören, Krieg sei eine Greueltat, Punkt. Über Astronauten und das Weltall sprechen. Über die Möglichkeit einer Zusammenarbeit diskutieren. Roastbeef und Salat servieren. Den Salat mischen. Zum Berg schauen. Später die Nacht über dem Berg niedersinken lassen. Die ganze Nacht lang seine Gegenwart ahnen. Liebe beteuern, durch die Leere hindurchblicken, ihre Tiefe ermessen. Sich fragen, ob es zulässig ist, daß einige sich von Bio-Lebensmitteln ernähren, während andere verhungern. Sich den Krieg im Irak vorstellen. Sehr genau wissen, wie grausam Invasionstruppen sind. Nicht vor Haß zu sterben versuchen. Den Kopf in die Hände stützen. Fest drücken. Die Augen schließen. Mit Mühe atmen.

Bagdad zerstören lautet der Tagesbefehl. Die Tonspur des Kriegs hören. Von der bunten Schönheit des Frühlings überwältigt sein. Im Da Vino Kaffee trinken. Beim Anblick eines wandelnden Skeletts – einer Frau, der in ein Auto geholfen wird – zittern und schwitzen. Maisbrot im Real Foods Store kaufen. Sich beim Gedanken an Hunger schuldig fühlen. Nach Hause kommen. Die unglaubliche Schönheit des Gartens bewundern. Die Treppe hochgehen und das Brot wegpacken. Das Radio anstellen. Die offizielle Heuchelei unhaltbar finden. Wiederholen, daß sie Kriegsverbrecher sind. Eine bleierne Müdigkeit spüren, die durch den ganzen Körper geht. Verzweifelt sein. Die Absolutheit des Kriegs kennen. Immer noch glauben, daß die Zukunft den diabolischen Plänen des Feinds entkommen wird.

Das Licht in den Augen derer zum Erlöschen bringen, die die Welt lieben, das ist Krieg. Das Leben als solches bedrohen, Tod bringen, das ist Krieg. Blut in den Euphrat schütten und die Bewohner der Tigris-Ufer töten. Berge versetzen. Einen offenen Markt abschaffen. Es unmöglich machen zu heiraten, zu schlafen, eines Morgens in Bassorah aufzustehen, während sie es da drüben in Mexiko tun. Sich in die Geschicke Arabiens einmischen. Mit üblen Geschäftspraktiken den Tod der Araber einkalkulieren. Zu den alten Göttern beten. Nicht an der Vergangenheit verzweifeln. Nicht vergessen. Sicher sein, daß eines Tages, niemand weiß wann, Gerechtigkeit herrschen wird. Wissen, daß die Welt sich dafür rächen wird, daß sie zum Narren gehalten wurde. Sich weiterhin bewußt sein, daß es Rätsel und Geheimnisse gibt.

Von Wüsten träumen, die Kakteen und alle giftigen Pflanzen aufzählen. Sich nach spektakulären Sonnen sehnen. Einen Arm heben, dann den anderen. Den ununterbrochenen Nachrichtenfluß verfolgen und eine kaum noch erträgliche Traurigkeit empfinden. Wegen des Hungergefühls im Magen so tun, als wäre alles in Ordnung mit einem. Weder essen noch die Zeiten einhalten. Das Notizheft in die Hand nehmen, es dann wieder ins Regal legen. Mit dem Wissen leben, daß die Amerikaner, die Briten und ihre Verbündeten die Vernichtung des irakischen Volks, der Kinder, der Männer des Iraks, wünschen. Das was jetzt geschieht, mit dem vergleichen, was schon immer geschah. Sich an einen Strohhalm klammern. Die Orientierung verlieren. Im Dunkeln auf dem Balkon herumrennen und stillstehen. Die Himmelskarte lesen. Die Sterne bestimmen. Die Plejaden entdecken. Sich an Babylon erinnern. Schwärze über das eigene Herz breiten. Hineingehen, die Tür schließen. Auf das leiseste Geräusch achten. Einen langen Tag beenden. Schlafen gehen.

So tun, als ob irgendetwas wichtig wäre. Ein gelassenes, höfliches Gesicht machen, wenn Gaza belagert wird und eine schwarze Flut allmählich die Palästinenser verschlingt. Wie soll man da nicht vor Wut sterben? Auf die Leinwand den Ersten Weltkrieg, dann den Zweiten Weltkrieg projizieren, während man auf den Dritten wartet. Die Unschuldigen in Schrecken versetzen, indem man die israelische Methode, Schrecken zu verbreiten, übernimmt. In Paris anrufen. Walid erklären, daß alles in Ordnung sei. Lügen. Zugeben, daß das Wetter unverbindlich ist, prachtvoll. Einem Frühling, der plötzlich sehr warm wird, gleichgültig begegnen. Entscheiden, welches Hemd man anzieht. Der Furcht vor der Sonntagszeitung, da vor der Tür, Raum geben.

Eine Menge Schrott lesen, der das Blut des Kriegs mit dem Gestank von Geschäften mischt. Jegliche Fröhlichkeit mit der Wurzel ausreißen. Aus der Tür und nach unten auf die Straße gehen. Zögern; weitergehen, geradezu und zurück und die Treppe hoch und in sein Zimmer. Unterwegs feststellen, daß der Berg noch da ist. Sich hinlegen und schlafen, tief und fest. Schlafen, als wäre es Nacht. Aufwachen, durchs Fenster auf grünes Wasser und von der Bucht zum Berg schauen, zu sich selbst zurückkehren. Sich erinnern, daß der Krieg gerade den Irak verwüstet. Schmerz empfinden.

Zum Kamin gehen, dort stehen, zum Tisch zurückkehren, sich setzen und das Tintenfaß entkorken. Es wieder zukorken. Dem Umriß eines Schattens folgen. Den einen Arm heben, um einen Schatten zu werfen. Seine Farbe nicht definieren. Über seine Beschaffenheit ins Grübeln geraten. Im Geiste Entfernungen zurücklegen, ohne zu entscheiden, ob sie irdisch oder solche des Weltraums sind. Schritte hören. Die Ohren spitzen. Warten. Das Gefühl der Ungewißheit zum Schweigen bringen. Jegliche Art von Gegenwart aus dem Gehirn räumen. Jenes Schuldgefühl loswerden, während sich schon wieder Zweifel einschleicht. Den Blick auf das Gemälde konzentrieren. Sich in dem Gemälde verlieren. Kaffee kochen. Sich einschenken, aber zu trinken vergessen. Ihn abgekühlt trinken, den Rest wegschütten. Ärgerlich werden. Zur Hölle damit, zur Hölle damit sagen. Auf die Post warten und dabei denken was soll's!

Morgens früh zum Zahnarzt gehen, dann zurückfahren und nach Hause kommen. Sich hinlegen, auf die Mittagsnachrichten warten. Kopfschmerzen haben. Ungeduldig sein. Den Krieg erbrechen. Den Nebel mit Freude und mit Tränen begrüßen. Zärtlichkeit in Steinen entdecken. Sarah Miles mit Tee und mit Kuchen begrüßen. Die Nachrichten verpassen. Plaudern. Sich verabschieden. Eine Reisetasche packen. Den Krieg vergessen. Nie aufhören, an ihn zu denken. Die Schönheit des Tags ignorieren. Den Garten gießen. Angeekelt sabbern. Das Porzellanblau des Himmels bemerken. Eine Wolke verfolgen. Auf andere Blautöne stoßen. Zur Erde zurückkehren. Über Hügel fliegen. Den Luftzug spüren. Eine unsichtbare Zeile lesen, die besagt, daß in Bagdad Menschen auf brutale Weise sterben. Die Leere des Kopfs aushalten.

Schwerfällig wie eine Krähe fliegen. Den Wind hören. Mit Ästen hantieren. Das eigene Begehren in die wilden Träume eines anderen projizieren. Heraklit lesen. Ihn den »dunklen« nennen, weil sein Denken sich innerhalb einer Infragestellung von Klarheit bewegt. Heidegger lesen, demnächst. Durch einen Anruf erfahren, daß die Türkei wegen der Irakfrage in Bewegung gerät. Die Exekution des Irak miterleben. Die Araber zum Rückzug zwingen. Von der Schönheit des Gedichts von Rea Galanaki bewegt sein. Sich nicht in Form fühlen. Alt werden, die Angst bekämpfen. Über die Reise nachdenken. Sich im Geist auf den Flugplatz versetzen. Die Tage zu zählen beginnen. Gähnen. Durchs Fenster schauen. Die Größe der eigenen Traurigkeit ermessen, ihr aber Macht absprechen. Ohne Erfolg nach letzterer suchen.

Mitten aus einem Gefühl der Mutlosigkeit heraus aufstehen. Kaffee kochen. Etwas Milch heiß machen. Vitamine nehmen. Auf den Sturm warten. Nachrichten hören und sich einreden, daß später alles besser sein wird. In Körper und Geist wenig Energie entdecken. Gedanken wie Alkohol destillieren, Tropfen für Tropfen. Sich an grüne Plantagen, rote Erde, schwarze Gesichter, weiße Tränen erinnern. Sich ins Gedächtnis rufen, daß nichts sich verändert zu haben scheint. Eine tiefe Müdigkeit konstatieren. Diese endlosen defätistischen Betrachtungen beenden. Ruhig sein.

 In New York landen. Das Gepäck abholen, in ein Taxi steigen, eine Brücke überqueren, in die rote Sonne fahren, die Innenstadt erreichen, in der 90. Straße anhalten, den Aufzug nehmen, die Reisetasche auf dem Boden stehenlassen, sich aufs Bett legen, die Decke anstarren, alles vergessen. Ein paar Stunden später zum Saigon Grill gehen war ein Vergnügen: Auberginen und Reis bestellen, bezahlen, erneut tief schlafen. Am Morgen die Feindseligkeit feuchter Witterung spüren, sich fragen, wieso die Bäume immer noch keine Blätter haben, die Zweige bis in ihre Spitzen verfolgen, überrascht feststellen, wie hoch die umstehenden Gebäude sein können, die Ziegel der Mauer zu zählen beginnen.

Die verpestete Luft herausniesen. Den Ruß vom Spiegel wischen. Husten und spucken. Die New York Times kaufen und sie abstoßend finden. Bilder betrachten, die den Krieg verherrlichen. Entsetzt sein über die Anzahl der zivilen Opfer. Sich schämen, daß man sich in der Wohnung so wohlfühlt. Lebensmüde sein. Die eigenen Gedanken verraten. Alkohol trinken und zuviel essen. Bier lieben, und den Park. Einen Ausflug ins Metropolitan planen. Durch den Park zu gehen beschließen, obwohl …

In Kalifornien anrufen. Eine Menge Desinformation über sich ergehen lassen. Die Flasche an den Mund halten, Evian trinken. Beschämt sein, weil die Bewohner von Bassorah unter den zurückgekehrten Briten verdursten. An Durst sterben ist für die Einheimischen. Sterben ist für andere. Die Lebenden informieren, daß sie noch nicht tot sind. In den Stimmen der Kinder ihren zukünftigen Tod hören. Rastlos sein und das Licht dämpfen. Ohne Grund in die Küche gehen. Im Dunkeln sitzen. Dunkle Gedanken willkommen heißen. Den Klammergriff ums eigene Herz lockern. Sämtliche Formen von Liebe in sich ausmerzen. Feststellen, daß man leblos ist. Eingekerkert sein.

Sich durch die Stunden schleppen. In Erschöpfung fallen. Sich in Fragen verlieren. Alle Wege versperren. Die Dämmerung sinken oder, besser, die Schatten steigen lassen. Die Lampen anknipsen. Die Nachrichten meiden. Sich die Hände waschen. Sie sorgfältig abtrocknen. Den Kopf und alles, was darin ist, schütteln. Mühsam atmen. Nicht beunruhigt, sondern gelangweilt sein. Eine Art Parallelbewußtsein entwickeln. Zum Fenster gehen, nur um sich zu vergewissern, daß es draußen sehr trübe aussieht, so wie in Bagdad unter dem Bombenhagel. Sich wundern, daß man so gelassen ist. Vom Engel vorgeworfen bekommen, daß man so kompromißbereit ist. Kein persönliches Handeln vorsehen. Sich erinnern, daß es ungewöhnlicherweise schneien wird. Den Abend fürchten. Steve Laceys Konzert besuchen.

Böses ahnen. Die Second Avenue entlanggehen, in die 10. Straße abbiegen, das Barracuda betreten und vor einem Teller fish-and-chips sitzen. Hastig essen. Die St. Mark's Church betreten, eine Eintrittskarte kaufen. Einen Klarinettisten spielen hören. Douglas Dunn vor dem Hintergrund der Leinwand erkennen, auf der seine Tänzer zu Schatten werden. Steve Lacey Beifall klatschen. Wegen seines bandagierten Kopfs, seiner geschwollenen Backe beunruhigt sein. Registrieren, daß sein Tempo sich leicht verlangsamt hat und seine Musik irgendwie weint. Die schwere Jacke in dem überheizten Raum ausziehen. Steves Musik sich ausbreiten lassen. Den Programmzettel als Fächer benutzen. Das Dröhnen von Bagdad in dem Geflecht der Töne vernehmen. Sich fragen, ob Nouri diesen Krieg überleben wird. Sich wieder ganz der Musik zuwenden. Sie barbarisch, ekstatisch finden. Das Sopransaxophon mit den Tänzern in Zusammenhang bringen. Den Tanz mit dem tiefsitzenden Wissen in Zusammenhang bringen, daß etwas schiefgelaufen ist.

Morgens bei Schneesturm aufwachen. Überrascht sein, daß so etwas im April passiert. Sich an die blühenden Kirschbäume manch vergangenen Frühlings erinnern. Den Kaffee trinken, solange er heiß ist. In die Kälte hinausgehen und die Zeitung kaufen. Neue Schuhe anziehen. Eilig zurückkehren und die Zeitung in ihre Ecke werfen. Zusehen, wie der Schnee aus einem silbernen Himmel fällt. Einen Baum mit einem Weihnachtsbaum vergleichen. Wieder nach draußen gehen, diesmal, um bei Edgar's Mittag zu essen.

Ihren Salat mit Räucherlachs bestellen. Sich mit Öl und Essig bedienen. Die Kellnerin rufen, damit sie kommt und Kaffee einschenkt. Feststellen, daß der Kaffee schwarz ist, wie die Welt.

Den starken Wunsch verspüren, in Bagdad zu sein, trotz Krieg. Die Gefahr herausfordern. Wissen, daß es bald zu Ende ist. Halluzinieren. Die Amputierten als Gefäße vor sich sehen, die in Regalen stehen. Schreie hören und sich die Ohren zuhalten. Schreien. Einen Anruf entgegennehmen, der ohne zu wollen den Alptraum beendet. Tee kochen. Feststellen, daß das Wasser lauwarm und die Stunde schal ist. Dem Himmel danken, daß er mit dem Schnee aufgehört hat. An Beirut denken, von Palästina träumen, Bagdad vermissen, sich daran erinnern, wie unmöglich es ist, jemals vollkommen dort zu sein, wo man ist. Die Geschichte, wie sie gelehrt wird, verachten, Griechenland aber trotzdem für immer lieben. Den Mut gefeiert wissen wollen. Im Einzelzimmer das Licht löschen. Der wachsenden Abenddämmerung zusehen ist unausweichlich.

Von Engeln reden, so wie es einem selbst und wie es Rilke gemäß ist. Malte Laurids Brigge heraufbeschwören. Sich an die eigene Jugend erinnern und ihre Ferne fürchten. Leiden. Immer noch die lieben, die man geliebt hat. Entdecken, daß man wirklich geliebt hat. Sich fragen, ob diese Eingeschlossenheit schmerzlicher ist, als sich unter freiem Himmel an Vergangenes zu erinnern. Einen schlechten Geschmack im Mund haben. Nägel kauen. Schmerzen leiden wegen des Irak. Sich gegen die Folter auflehnen, der er ausgesetzt ist. Steife Glieder und einen Hexenschuß haben. Wie ein akklimatisiertes Gespenst durch den Tag geistern. Keinerlei Grund für die eigene Existenz mehr sehen.

Mathematische Gleichungen nicht unterschätzen. Erwarten, daß sie dem Denken, der Zerstörung stillschweigender Gewißheiten wieder eine Richtung geben. Die Verzweiflung verjagen, auch wenn man weiß, wie vergeblich die Mühe ist. Verwundert die Grausamkeit anstarren. Einen unsichtbaren Vorgang unterbrechen. Freunde begrüßen. Sie husten hören. Äußern, daß wir die unbedeutenden Krankheiten ausgemerzt und die großen behalten haben. Ein inneres Bild Bagdads entwerfen. Sich an die Reise von 1976 erinnern. Im Traum, in der Erinnerung Tage in Bagdad verbringen. Ganz benommen nach New York zurückversetzt werden. Wasser trinken, um eine Aspirin hinunterzubekommen. Anschwellen. Erschöpft nirgendwohin blicken. Sowohl auf Hoffnung wie auf Kapitulation verzichten. Sich auf das Nichts zubewegen.

In seinem Gedächtnis nach Resten der Vergangenheit suchen. Sich der Schlaflosigkeit hingeben. In das Staubecken schneien. An einem rosafarbenen Morgen den Himmel prüfen, von Ast zu Ast fliegen, durch die Luft eine Schneise zu hohen Gebäuden schlagen. Eine Zeitung kaufen gehen, in der ein Reporter bekräftigt, daß es sich bei den Bombardierungen von Guernica, Rotterdam, Bagdad oder New York schließlich um nichts anderes als um Kriegsverbrechen handelt ... Das Telefon läuten hören, in den Schnee schauen, bei einem Geräusch auf dem Korridor über Grausamkeit nachdenken. Die Kochkünste des Nachbarn riechen. Besessen sein von Essen als Ersatz ... wofür? Einen flüchtigen Blick auf die eigene Kindheit erhaschen.

Materie in Geist verwandeln. Die Schwelle überschreiten. Alle Zeichen vernichten, dann hinter ihnen her sein. Die Zukunft entziffern. Rosten. Sich fragen, wie man eine Niederlage verdauen soll, anstatt sie mitten in der Nacht zu erbrechen und wieder ins Bett zu gehen und unter die Decke zu kriechen. Sich einzureden versuchen, daß New York eine interessante Stadt ist. Einen desillusionierten Blick in den Hof werfen, so etwas einen Garten zu nennen! Sich aus Verzweiflung auf den Weg in den Park machen. Kleine Pfützen aus geschmolzenem Schnee zu umgehen versuchen. Sich unter einen Baum stellen und die Schneeflecken an seinem Stamm zu zählen versuchen. Die hellgelben Ginsterbüsche bewundern. Einem Wanderweg folgen. Auf dem Rückweg in die 90. Straße langsamer werden. Erst links, dann rechts durch eine

Tür gehen, den Knopf im Fahrstuhl drücken, nach dem Schlüssel greifen, eintreten ... in eine Leere.

Das Wohnzimmer fegen und all die herumschwirrenden Engel aufscheuchen. An Kalifornien denken, das zurückweicht. Sich langweilen. Die Vision eines verschwundenen Bagdads in die Luft werfen. Energie an Zorn verschwenden. Die Gegenwart einkapseln. Aufgebracht sein, um nicht noch unruhiger zu werden. Die Schleusen des Körpers öffnen. Gründlich die Bilder irakischer Leichen studieren, die auf dem Boden ihres Landes liegen. Das Ende von allem wünschen, einem selbst und den anderen. Zu jenen Bildern zurückkehren und sie in Ikonen verwandeln. Beten.

Sich eine demonstrative Gleichgültigkeit zulegen. Seine Gefühle begraben. Sich beim Frisör erleichtert fühlen. Spazierengehen. Einige Erinnerungen entsorgen und dem Tod sich zu zeigen erlauben. Den Film der Dinge, die gerade geschehen sind, zeigen, die Seele bitter werden lassen. Reuegefühle bekämpfen und die Schlacht verlieren. Wissen, daß es hier Nacht ist, wenn in Bagdad der Morgen anbricht. An Badr Shakir al-Sayyab denken. In sein Grab hinabsteigen und ihm mitteilen, daß Bassorah zerstört wird. Das Blut von den Gesichtern seiner Einwohner waschen. Badr seinem Schlaf überlassen. Die Gleichgültigen, Verwundeten zurück nach New York fliegen. Sich an Innanas Gedichte erinnern. Babylons Götter anrufen. Sich wünschen, daß sie sich am Kampf beteiligen, und wissen, daß dies nicht geschehen wird. Rache im Tod voraussehen.

Vor dem flirrenden inneren Chaos stehen. Einen grauen Tag beginnen. Nicht mehr wissen, wo die Grenze zwischen dem Selbst und seiner Umgebung ist; zwei Zeitungen kaufen, um den Horror zu verdoppeln. Das Stadium endgültigen Horrors erreichen. Entfernungen in Tunnel verwandeln. Ein Päckchen erhalten. Bobbys Brief lesen, der weltweite Verheerungen voraussagt. Ihm glauben. Selber ein Teil der fortschreitenden Zeit werden. Zu Fuß um den Block gehen. Nasse Schuhe ausziehen. Den eigenen Herzschlag beobachten. Das Briefschreiben sein lassen, alles sein lassen. Schlaf nötig haben. Die Tablette schlucken. Auf Ruth und Annea warten. Das Nachdenken über den Krieg dem Körper überlassen. Vor Müdigkeit summen. (Beinah) von Kanälen und bepflanzten Feldern träumen. Berge erklimmen, aber das ist nicht wahr. Am Boden festkleben. Schmerzen leiden, weil sie Schmerzen leiden. Die lebenden Toten begraben. Die Maske sinken lassen. Angeekelt die Badewanne reinigen. Sich schuldig fühlen und den Krieg dafür verantwortlich machen. Von der Ungeheuerlichkeit dessen, was geschieht, verwirrt sein. In einer Art Luxus leben, den Gedanken, daß es anders sein könnte, abschütteln. Auf das Ende dessen warten, was nicht enden will.

Erneut zum großen Gesang anheben, dann aber feststellen, daß Saadie Jussuf sein Einreisevisum nicht erhalten hat. Überzeugt sein, daß die Demokratie zur Farce geworden ist. Ruhig bleiben nützt nichts. Das Licht vom Geist fernhalten. Seine Ressentiments hätscheln. Präsidentenpalästen unzweideutig Lebewohl sagen. Zusammenbrechen. Schritte hören. An die Tür gehen, einen Freund hereinlassen. Vom Wetter reden, dann zu Kriegsnachrichten übergehen. Sie blutig und monoton finden. An dem Versuch, sich auf etwas anderes zu konzentrieren, scheitern. Auf der Bestialität von Gewalt bestehen. Den Freund verabschieden. Sich in einem geschlossenen Raum verirren. Dinge durch die Herrschaft des Schmerzes anders wahrnehmen. Den Tod bitten, er möge sich verantwortlich zeigen. Hoffen, daß der Tigris nicht langsamer fließt.

Die Tiefe der Spiegel ausloten, ihr Blut ablassen und sie mit Wasser füllen. In ihnen ertrinken. Den eigenen Blick unbewohnbar machen. In ein stark zerstörtes Bagdad eindringen. Im Kalender 9. April 2003 lesen. Iraker betrachten, die in die Knie gezwungen worden sind, ihre Gesichter prüfen, ihre Widerstandsfähigkeit bewundern. Träumen und dann in eine herzzerreißende Realität zurückkehren. New Yorks diffuse Angst teilen. Eine Stunde im Café verbringen. In Bagdad einrücken und noch ein paar Häuser zerstören, noch mehr Staub aufwirbeln. Sich darum absolut nicht kümmern. Arrogant und brutal auftreten, die Menschen zu Schlachtvieh machen. Sich wünschen, Eroberer würden in Sand begraben werden.

Chaos programmieren, sicherstellen, daß es ein Killer sein wird, verhindern, daß ein Land anständig verwaltet wird: Das ist die Politik des Tages. Die Sprache pervertieren, die Augen der Kinder pervertieren, verderben und zerstören, das ist die neue Ordnung. Das Böse mit speziell konstruierten Maschinen austeilen. In New York darauf warten, daß der Regen aufhört, dort Bomben auf Bagdad regnen lassen. Die Traurigkeit definieren und sie in einem Anatomiekurs sezieren. Sich erkälten. Das Mittagessen bereiten, sich dann nach draußen zur Müllkammer begeben. Sich nach draußen begeben und über den Broadway nachsinnen, der ganz bis zum Ozean reicht. Kaufen und kaufen und heimkehren.

Beide Mauern zerstören, die innere und die äußere. In der Stadt wohnen, die durch Mord erobert worden ist. Ruinen auf Ruinen türmen. Neidisch auf Babylon sein. Haß auf die Leichen ebenso wie auf die Lebenden der Stadt regnen lassen. Lebende Materie verbrennen. Die Palmen mit Feuer gießen; das ist Barbarenarbeit. Wahnsinn bei denen diagnostizieren, die den Irak ausrotten. Den britischen Anteil daran nicht vergessen. Niemals vergessen. Bei dem Berg und seiner Höhe schwören, daß nichts jemals vergessen wird. Inannas Namen in die Hirnhaut brennen, sie ins Leben zurückrufen. Sie auferstehen lassen. Den Glauben an die Seelenwanderung erneuern. Nicht lieben. Schlafen, um nachts lange aufbleiben zu können. Feststellen, daß der Infinitiv eine Illusion ist. Den Halt verlieren.

Zu Fuß zum Hudson River gehen. Immer wieder bei Grün über die Straße gehen. Zuschauen, wie die Sonne untergeht und ein Band aus Licht über den Fluß legt. Sich daran erinnern, wie die Szene war und immer noch ist. Sich daraufhin fragen, wie der Verstand die Vorstellung von Zeit hat produzieren können, wenn der Ort sich nicht bewegte. Plötzlich, mit der Plötzlichkeit dieses

Lichts, begreifen, daß die Vorstellung von Zeit bei den Menschen aus einer Dreifachverknüpfung entstanden ist: eines schon besuchten Ortes mit dem Gefühl, in diesem Moment dort zu sein, und der Feststellung, daß Dinge gealtert sind und Veränderungen im eigenen Körper stattgefunden haben. Das Gedächtnis ermöglicht diese Feststellung, und das Zusammenwirken all dieser Elemente produziert im Verstand die Vorstellung – und folglich das Wesen – der Zeit.

Sehnsucht auf Distanz halten. Nicht aufgeben, aber warten. Im Zustand des Zweifels, in dunklen Zimmern, in der Schwärze des Geists existieren. Das Haus verlassen, sich nach links wenden, den Boulevard überqueren, einen Supermarkt betreten, griechischen Käse, in Wisconsin hergestellt, kaufen … vor Fleisch und Ananas stehenbleiben, den Käse an der Theke bezahlen, hinausgehen, feststellen, daß die Twin Towers fehlen, an etwas anderes zu denken versuchen … Zu Hause sein.

Weiterhin ein freundliches Gesicht machen. Sich über Lärm beschweren. Über die Plünderung von Bagdads archäologischem Museum weinen. Schmerz empfinden. Liebe begraben. Bitterkeit ausspeien. Sich die Zähne putzen. Sicher sein, daß der heutige Tag wie der gestrige aussehen wird. Immer noch über die Gefühllosigkeit der Reporter staunen. Die Zeitung fortschleudern. Sich an die verschiedenen Kriege erinnern, die das eigene Leben gewebt haben. Vor dem inneren Auge englische Soldaten sehen, die durch Beirut laufen. Nicht an sie herankommen, weil sie Bilder bleiben. Sich die Hände waschen, sie abtrocknen. Eine Tablette nehmen. Die Vorhänge anstarren. Tagsüber nicht schlafen.

Sich vor Anrufen fürchten. Sich im Kreis drehen. Die Wirkung des Lichts auf ein Gemälde beobachten. Den Eindruck haben, daß der Baum gewachsen ist. Über den Baum wandernde Sonnenflecken verfolgen. Durch ihn hindurchsehen und eine riesige Glaswand entdecken. Den Blick zurückkehren lassen, so wie man ein Boot in den Hafen zurückbringt. Das Efeu mit Reptilien ver-

gleichen. Spiegel sehen. Den Wunsch, das Haus zu verlassen, töten. Die Tage von einer Morgenzeitung zur nächsten zählen. Sich eingesperrt fühlen. Das Alter der Welt vergessen, aber an das eigene denken. Vom Kummer leben. Unfähig sein zu lachen.
Auf das Unbekannte warten. Nicht wissen, daß Bagdads Bibliothek zerstört worden ist. Groll gegen die neuen Barbaren hegen. Für jedes Buch bluten. Niemals die Möglichkeit haben werden, eines jener Bücher zu lesen. Sich in die eigenen Adern stürzen. Sich im eigenen Gehirn verstecken. Herr des Verlusts sein. Auf das reale Ende von Dingen achten. Tränen abwischen. Innere Tränen entdecken, die zu Wunden werden. Neue Krankheiten erkunden. Sich im Verlust einmauern. Sich in toten Zivilisationen suhlen, selbst eine werden. Zufällig auf die Toten stoßen. Den eigenen Magen erbrechen und das Herz ausspucken. Sich den Kopf amputieren. Auf Bagdads Boden bittere Qualen erleiden. Hitze als Waffe erflehen. Mit Michael McClure das in Wein verwandelte Blut der Araber trinken.

Die Angst beiseite schieben. Die Vorhänge zurückziehen. Beschließen, daß es das gleiche ist. Wählen zwischen absolutem Kummer, ununterbrochenem Kummer und Tod. Ruß einatmen, und Ungewißheit. Alle Lichter löschen und Kopfbilder an die Wand werfen. Eine Schlacht zum Ende beginnen. Die Schlacht der nächsten Generation zuschieben. Sich der inhärenten Vergeblichkeit jeglichen Handelns bewußt sein. Das Haus verlassen, das Selbst verlassen. Am Morgen mit dem langen Warten auf die Nacht beginnen. Die Wahrheit zum Explodieren bringen, Länder zum Explodieren bringen. Ungeduld im Angesicht des Nichts spüren. Sich die Hände waschen und die Zähne putzen.

Feststellen, daß Spiegel nachts schimmern und daß die Post beantwortet werden will. Beunruhigt sein, weil der Krieg in so großer Ferne stattfindet und so heimlich. Schon an den nächsten Krieg denken. Sich die eigene Qual einhämmern. Eine Vogelwelt herbeiphantasieren. Den Hudson River durch die Wimpern betrachten. Verschmutzte Luft ausspucken. Eine Ampel bei Grün passieren. Einen Unfall vermeiden. Ein Objekt werden. Das Objekt werden, das jenes Objekt schützt. An nichts hängen. Ohne Wünsche leben.

Sich durch Lyrik, durch Bäume abzulenken versuchen. Die Bäume wachsen sehen, rasch. Erscheinen und verschwinden. An falschen Orten vor bestialischer Eroberung Zuflucht suchen. Den Flüchtling jagen, ihn aus seinem neuen Zufluchtsort spülen. Eine Kugel in Kopf und Rücken eines Palästinensers plazieren. Iraker zum Gemetzel hinzuaddieren. Große Leinwände mit Blut bemalen, dann einen Nachtzug nehmen, dann ein Flugzeug. In Paris aussteigen. Den Telefonhörer abnehmen, eine Nummer in Beirut wählen. Den Freund sagen hören, daß ein palästinensischer Reporter von einem aufrechten Monotheisten kaltblütig erschossen worden ist. Sich nach der Notwendigkeit Gottes fragen. Das Problem beiseite wischen. An Kassandra denken. Sich an den Kodex des Hammurabi erinnern. In Fett versinken. Die enge, lange Straße betrachten, die die Welt ins Schlachthaus führt.

Nachwort

An einem milden Vormittag in San Francisco, irgendwann 1971, griff ich im City Lights Buchladen nach einem Exemplar von William H. Gass' Erzählband *In the Heart of the Heart of the Country*. Ich ging nach Hause und begann das Buch zu lesen. Es besteht aus einer bemerkenswerten Folge von Kurzgeschichten, die mir noch lebhaft gegenwärtig sind.

Das Stück, das dem Band den Titel gab, ist keine Geschichte im üblichen Sinn.* Die Leserin wird unmittelbar in eine Folge von Absätzen oder Abschnitten hineingezogen, von denen jeder eine Überschrift trägt, die manchmal wieder auftaucht, oft nicht. Es machte mir einen starken Eindruck.

Ein Jahr später verließ ich Kalifornien und zog zurück in den Libanon. Die Rückkehr rührte widerstreitende Gefühle aller Art in mir auf. Als ich von Zuhause weggegangen war, hatte ich gedacht, es sei für immer. Jetzt, bei meiner Rückkehr, nach siebzehn Jahren in der Bay Area, dachte ich, ich würde mich endgültig in Beirut niederlassen.

William H. Gass beginnt seine Geschichte damit, daß er erzählt, er sei »nach B ... zurückgekehrt«, und baut im folgenden – Abschnitt für Abschnitt, immer überschrieben mit Wörtern wie »Leute«, »Kirche«, »Apfel«, »Haus« usw. – eine Art Provinzstadt auf, die ganz allmählich den Charakter eines mythischen Orts annimmt.

Beirut war damals *die* mythische Stadt auf der Welt. Es war so. Aber da war auch noch etwas anderes. Das Leben dort war wirklich aufregend, aber es tat auch weh.

Weh ist vielleicht nicht das richtige Wort; die Stadt war von einer jeder Beschreibung spottenden Komplexität.

Mein neues Leben als Feuilletonredakteurin strebte in alle möglichen Richtungen, die Stadt auch. Sie befand sich im Herzen der arabischen Welt, alle bekannten Geheimdienste hatten hier ihren Sitz. Jeder Art Opposition gegen die diversen Regierungen in der Region bot sie Obdach. Vorab, wie in einem Modell, ent-

* *Im Herzen des Herzens des Landes,* übersetzt von Jürg Laederach, Residenz Verlag, Salzburg/Wien 1991

standen hier die Spannungen, die die Welt zu zerreißen drohten. Das wirkte sich auf die Verfassung der dort Lebenden aus und brachte – unter einer glitzernden Oberfläche – einen gnadenlosen Zynismus hervor, der sich wenige Jahre später gerechtfertigt sah durch eine Explosion von solcher Wucht, daß mehr als fünfzehn Jahre Kampf erforderlich waren, um diese Wucht zu erschöpfen. Ein Bürgerkrieg zog herauf, und viele konnten das menschengemachte Erdbeben schon spüren, das bald alles verschlingen sollte.

Politische Theorien waren ad infinitum und ad nauseam diskutiert worden. Die Grenze zwischen James-Bond-Filmen und der surrealistischen Grausamkeit internationaler Machenschaften war kassiert. In den Varietés herrschte eine Atmosphäre des Jetzt oder nie, wie sie unsagbaren Katastrophen vorausgeht. In diesem Wirbelsturm wirkte jedes Lebewesen, ob Mensch oder Tier, zerbrechlich, und angesichts dieser Zerbrechlichkeit verengte sich mein Blick auf die Myriaden kleiner Vorkommnisse, die meinen Kopf bevölkerten ... Entgegen landläufiger Meinung sind es nicht große Ideen, nicht die bedeutenden Ereignisse, die sich in Zeiten historischer Umwälzungen am stärksten einprägen, vielmehr ist es der ununterbrochene Strom kleiner Erfahrungen, Beobachtungen, Turbulenzen, Ekstasen, kaum wahrnehmbarer Störungen, die das banale, alltägliche Leben ausmachen.

Kaum je habe ich so ein Gefühl gehabt wie damals, daß ich ein ganz kleiner Fisch bin, der nur winzige Ausschnitte – wenn auch vergrößert – aus unruhigen Gewässern aufnehmen kann.

Man kehrt nicht nach langer Abwesenheit in sein Herkunftsland zurück, ohne einiges an Errungenschaften und an Narben mitzubringen. Alles, was ich in der neu-alten Umgebung wahrnahm, beunruhigte mich. Mir steckte Kalifornien im Kopf, es wirkte wie ein Dauerfilter. Meine Bezugsgrößen stammten aus zwei Welten, und das zwang mich, pausenlos zu schalten, beweglich zu bleiben, notgedrungen blieb ich beweglich und, vor allem, verwundbar. Ich war vertraut mit einer jetzt fernen Welt und wurde vertraut mit einer neuen Welt, die auch meine alte war, aber irgendwo tief in mir drin war ich in beiden fremd.

 Ich dachte nicht an Schreiben oder Malen, war zu beschäftigt mit einem neuen Job und einer neuen Gesellschaft, mit dieser überhitzten, hyperaktiven, von einer monströsen, todbringenden Leidenschaft beherrschten Stadt.

Eines Tages jedoch drängten sich mir ein paar bittere Fragen auf. Was hatte ich hinter mir gelassen, und was fand ich in diesem Land, dessen antike Geschichte tief begraben lag und das nichts darbot als die oberste Schicht aus Gewalt, Vergänglichkeit und Wahnsinn?

Ich erinnerte mich an William Gass' Text, an die Welt, die er beschrieb und die zu diesem Zeitpunkt unerreichbar und friedlich wirkte ... Ich begann ein stilles Gespräch mit ihm, mit seinem Buch, das ich mitgebracht hatte. Ich öffnete es, las noch einmal die Titelgeschichte, und die Abschnitte sprangen mir entgegen; es war, als wären sie an mich gerichtet und forderten Antwort.

Ich dachte etwa so: Du bist also in Amerika, und ich bin hier, du denkst vielleicht, daß du in Schwierigkeiten bist oder daß es Schwierigkeiten in deinem Land gibt, aber komm doch mal her und sieh dir den Dreck hier an, in dem wir ersticken!

Hier sollte ich einfügen, daß mich kurze Texte anziehen, besonders wenn ein einzelnes Wort als Titel drübersteht. Das hat mit meiner Vergangenheit zu tun:

In dem kleinen Klassenzimmer der Grundschule, in die ich als Kind ging, verliefen die Tage gewöhnlich weder langweilig noch aufregend. Sie gingen einfach vorbei. Es war eine Routine, regelmäßig unterbrochen von Pausen, dem einzigen, worauf ich sehnlich wartete.

Jedoch ein paar Jahre lang gab es etwas ganz Besonderes, Unvergeßliches, und die Erinnerung daran geht immer noch in mir um : die Wochenstunden eines Fachs, eines Kurses, der »Aufsatzschreiben« hieß.

Da die Grundschule katholisch war, war die Lehrerin eine Nonne. Ihre Methode bestand darin, daß sie jedesmal ein paar Wörter für uns aussuchte, und mit jedem Wort mußten wir einen Satz bilden.

Schreiben ist mit einem speziellen Vergnügen verbunden (das sich aber nicht zwangsläufig einstellt, wenn man »kreativ« schreibt). Dieses Vergnügen erlebte ich damals intensiv, es ist mir geblieben wie die Erinnerung an eine Sucht, und gelegentlich stellt es sich, wenn ich arbeite, wieder ein; manchmal muß ich Monate, Jahre warten, bis es wieder, so wie damals, da ist.

Zwar sollten wir grad nur einen Satz um ein gegebenes Wort herum bauen, aber ich schrieb einen ganzen Absatz oder noch mehr. Am lebhaftesten erinnere ich mich an den Trancezustand, in den diese Aufgabe mich versetzte. Über das Holzpult gebeugt, so daß mein Kopf fast die Oberfläche berührte, schrieb ich einen Satz nach dem anderen, wie hypnotisiert von dieser Tätigkeit. Noch immer halte ich nach solchen Augenblicken Ausschau. Sie haben so eine »Richtigkeit« – wie Segler sie erleben, wenn sie mit ihrem Boot den ekstatischen Moment der Idealgeschwindigkeit erreichen. Das leichte Dahingleiten auf dem Meer, das eins wird mit der eigenen Lust, ist die reine Offenbarung.

Die einfachen Wörter, die wie zufällig ausgewählt über den Abschnitten des amerikanischen Autors standen, *mußten* etwas ganz tief in mir anrühren. Sie trugen mich zurück zu den Schulaufgaben, jenem reinen Glück, einem Zustand zwischen Benommenheit und Unterwegssein-im-Kopf. Ich machte mich an die Arbeit. Ich begann zu schreiben.

Ich übernahm William Gass' Überschriften und »beantwortete« sie: Sie waren Zauberschlüssel, nicht mehr für B ..., das seine Stadt und Gegend war, sondern für *B*eirut, eine Küstenstadt des Libanon.

Ich ging daran, *meinen* Part der Geschichte zu erzählen, indem ich mir die 36 Überschriften eines Mannes aneignete, der weit weg, im Südwesten der Vereinigten Staaten lebte. Seine Wörter wurden zu meinen, weil sie Antworten aufriefen, die seiner Welt völlig fremd waren. Sie führten zu einem Dialog, indem sie radikale Unterschiede zwischen unseren zwei Welten zutage förderten. Versunken in eine Umgebung, die so bestimmend war, daß sie die Vergangenheit ausradiert, mich ans Hier und Jetzt gefesselt hatte, befand ich mich wirklich im Herzen des Herzens eines *anderen* Landes. Diese Andersheit war die Energie, die mein Schreiben antrieb. Schließlich erschien der Text in »Mundus Artium« in Texas, und ich wandte mich anderen Vorhaben und Aktivitäten zu.

Eines Tages erreichte mich der Anruf eines Dozenten der University of California in Stanislaus County mit der Bitte um Beteiligung an einer Sondernummer ihrer Literaturzeitschrift »Penumbra«, die den Dichterinnen und Schriftstellern der Bay Area gewidmet sein sollte. Ich sagte zu. Wenig später zog ich zufällig die Ausgabe von »Mundus Artium« heraus, die in meinem Regal stillgehalten hatte, ich schlug sie auf und beschloß auf der Stelle, die Konstruktion meiner Geschichte wiederaufzunehmen – 25 Jahre danach! Ich stürzte mich auf dieselben Überschriften, die jetzt natürlich zu Antworten führten, die sich von den vorigen unterschieden. Der Text stellte sich zügig ein. Wieder war ich am »Aufsatzschreiben«.

In der Folge, aber in deutlich kürzeren Abständen, schrieb ich drei weitere Texte in dieser Art: »Weiter«, »Gegenwart« und »Zeit, Begehren und Nebel«. Man könnte sagen, daß das ganze Unternehmen der Niederschrift einer Autobiographie nahekam: wie die Vergangenheit sich mit der Gegenwart mischte, wobei sie sich gegenseitig verzerrten und zu Spannungen führten, die typischerweise das Ergegbnis von Wiederholung sind. So ist ein Zyklus entstanden, den zwei Tendenzen charakterisieren: zum einen die wiederkehrenden Wörter oder Überschriften, die Stabilität schaffen, Anker sind, wie von einem Gott oder dem Schicksal gegeben; zum anderen die Antworten, die Abschnitte, die ihre eigenen chaotischen Wege gehen ... Wieder und wieder kehrte ich zum Herzen des Herzens der Sache zurück, und jedesmal veränderte sich das Herz, *hatte* es sich verändert. Es war stimulierend.

Der Titel, den ich dem letzten Stück des Zyklus gab, rührt von meiner Entdeckung her, daß im Altertum die ersten Gottheiten Sidons die drei Wesenheiten Zeit, Begehren und Nebel waren. Die Entdeckung versetzte mich in einen traumartigen Zustand ... zumal ich Sidon (heute Sayda), Urbild einer mediterranen Stadt, niemals in Zusammenhang mit Nebel gebracht hätte. Doch nach einem Besuch, den ich vor ein paar Sommern der Stadt und ihrer Region abstattete, paßten die Gottheiten (zusammengenommen) perfekt zu der generellen Atmosphäre der Ereignisse, Gefühle und Vorstellungen, die zur Niederschrift der Geschichte (die wiederum aus Geschichten besteht) führten. Aber über die Erfahrung wundere ich mich noch heute.

Natürlich hat es mit meiner Kindheit und der Erinnerung an mein Verschmelzen mit dem Akt des Schreibens zu tun: eine Anstrengung war seinerzeit nicht zu spüren, da mir nicht bewußt war, daß ich mich im Prozeß des Erfindens, Erzählens und Schreibens befand. Solche Erfahrungen sind unheimlich. Und Schreiben ist sehr häufig, immer noch, die Suche nach der Wiederkehr jener fernen Augenblicke.

Zurück zu meinen Ausführungen. Ich muß betonen, daß diese Wörter, die mir zufielen, indem ich einfach ein bestimmtes Buch las, und die vorgegeben, nicht von mir gewählt zu sein schienen, etwas Unpersönliches an sich hatten, was sie, zusammen mit dem Gefühl des Dringlichen, das ihnen anhaftete, zu Bedeutungsspeichern machte, akkumulierten Energien, geistigen Atomen, die jeden Augenblick explodieren konnten. Als ich mit dem Schreiben begann, schienen sie die Seiten zu schreiben, nicht ich.

Irgendwann zog der Zyklus fünf verschwisterter und doch separater Texte zwei weitere Texte in ihren Kreis: »An beiden Enden« und »In einer Kriegszeit leben«.

»An beiden Enden« wurde kurz vor dem letzten Monat des letzten Jahrhunderts geschrieben, als ich die Katastrophen analysierte, die wie Meilensteine aus der Wegstrecke unseres Lebens ragen.

Für den arabischen Osten begann das 20. Jahrhundert mit Aufruhr und Hoffnung: dem Bestreben, aus dem Osmanischen Reich auszubrechen und mit einer Epoche der Unabhängigkeit zu beginnen. Schon bald jedoch wurden die Araber um ihre Hoffnung betrogen, und von heute aus gesehen ist ihre Geschichte gezeichnet von einer ganzen Verrats*serie*, als wäre es für den Westen zwangsläufig gängige Politik, schwächere Verbündete zu hintergehen.

Die berühmteste Figur des Westens in dieser Tragödie des Verrats – in diesem Fall einer Tragödie für beide, Täter und Opfer – ist mit Sicherheit T. E. Lawrence. Einmal hatte ich den Wachtraum, er wäre noch immer dabei, »Die sieben Säulen der Weisheit« zu schreiben, da das politische Ränkespiel, in dem er zum Einsatz kam, und die Katastrophen, die es im Gefolge hatte, sich immer weiter, bis zu dieser Stunde, fortsetzen. Diese Katastrophen prägen eine Landschaft, an der alles, was in jenem Teil der Welt weiter geschieht, gemessen werden muß.

Ich identifizierte mich mit Lawrences Geschichte, in die ich mich als Araberin und als Nichtaraberin verwickelt sah, und riskierte es, den Standpunkt einer Orientalistin einzunehmen. Aber auch die war ich nicht, in diesem besonderen Fall. Vor allem versuchte ich, den Begriff des Verrats mit Fleisch und Knochen auszustatten, Geschichte im Medium eines bestimmten Lebens und eines bestimmten Orts zu betrachten: ersteres war vorüber, letzteres dabei, zu verschwinden. Ich räumte meinen Kopf frei, wie man Schubladen ausräumt und putzt. Lawrence ist nicht mehr. Das Jahrhundert ist vorbei. Und nach allen Anstrengungen, die unternommen werden, Wüsten in touristische Abenteuerlandschaften zu verwandeln, gibt es keine unberührten Territorien mehr, jedenfalls nicht für die Vorstellung. Die Wüsten des 21. Jahrhunderts sind bereits Mond und Mars.

Lawrence, sein emblematisches Bild, »rief« mich, wie manche Wörter, die den Geist zwingen, die Dinge – wie durch spezielle Linsen – durch sie hindurch wahrzunehmen. Und die Frage des Verrats, die so eng mit seinem Bild verbunden ist, ist eine entscheidende: Von allen Formen des Verrats ist es am Ende der Verrat am eigenen Ich, der Herz und Verstand am schwersten schädigt.

Im März 2003 braute sich ein Krieg in Irak zusammen. Die Geschichte führte einmal mehr zu unerträglichen Spannungen. Meine Fantasie brannte lichterloh, und mein Ärger wurde verstärkt durch den triumphierenden Ton der Nachrichten. In Kalifornien gab es sehr wenige Menschen in meiner Umgebung, die wirklich betroffen reagierten. Wenige waren je in Irak gewesen; kaum einer war bereit, die Zerstörung Iraks als Zerstörung von Menschenleben und kulturellen Denkmälern zu betrachten. Ich fühlte mich taub vor Furcht, und einmal saß ich an meinem Tisch und griff mechanisch zu Papier und Füller, um »In einer Kriegszeit leben« zu schreiben.

Ich war meiner Umgebung ferngerückt, befand mich anderswo, in einem Osten meines Geistes, mir selbst entfremdet, und in diesem Zustand glitt ich in die Form, die zur Beschreibung jener Tage erforderlich war.

Es kam zu einer grammatischen Erleuchtung. Ich stieß auf die grammatische Form, die perfekt zu dem, was ich gerade durchlebte, paßte. Nur eine Folge von Sätzen, alle mit Verben im Infinitiv, schien imstande, die Situation, in der ich mich befand, und später, in New York, den Ausbruch des Kriegs zu vermitteln. Von allen, sagen wir, Modi des Verbs ist nur der Infinitiv ohne Konjugation, entpersonalisiert. Er benennt Handeln – und Denken – auf objektivste Weise. Und alle Handlungen und Gedanken versieht er mit einer schweigenden Indifferenz, einer inneren Distanz, wie man sie in der Gegenwart des Todes empfindet.
Die unter dem Titel *Im Herzen des Herzens eines anderen Landes* versammelten Texte machten mir – deutlicher denn je – die Verbindung zwischen Sprache und Schreiben bewußt. Diese Bewußtheit hat für das Schreiben mehr zu bedeuten als für das Sprechen. Schreiben heißt Sprache zu einem Element, einem Bestandteil der geistigen oder physischen Ereignisse zu machen, die es vermittelt. Damit wird Sprache als in die Welt verstrickt begriffen.

Wir versuchen, der Welt, ihrer Beweglichkeit, ihrem unaufhörlichen Verwandlungsprozeß mit einem Werkzeug zu Leibe zu rücken, das wir uns schaffen und das genauso quecksilbrig und flexibel ist. Dieses Werkzeug – Sprache – ist nicht unpersönlich, nicht autonom. Sprache ist etwas, das wir hervorbringen, so wie wir Gehen, Schlaf, Hunger, Schmerz, Freude oder Denken und Fluchen hervorbringen.

Diese Konfrontation hat ihren eigentlichen Ort in dem, was Schreiben, »écriture« genannt wird. Schreiben, wie gesagt, macht Sprache zu einem Teil der Ereignisse, die es behandelt. Es funktioniert wie Musik, unterwirft die Realitäten, mit denen es in Verbindung tritt, seinem eigenen Rhythmus, es erzeugt seine eigene Unausweichlichkeit. Im Grenzfall wird Schreiben zum einzigen Zweck des Schreibens.

Dann hat Schreiben keinerlei Trost mehr zu bieten, es »löst« gar nichts. Es ist eine Aktivität sui generis. Es nimmt Anleihen bei der Realität, um Masken für sie zu schaffen. Seine unbedingte Intensität hebt das Empfinden der eigenen Zeitlichkeit auf und mit ihm alle anderen Realitätserscheinungen oder -interferenzen; und dann verschwindet auch die Intensität, zusammen mit allem übrigen ... Wegen seiner reinen Spezifität, der inhärenten Einsamkeit, die ihm wesentlich ist, ist das Schreiben tragisch.

Paris, März 2004

Aus dem Englischen von Hans-Ulrich Müller-Schwefe

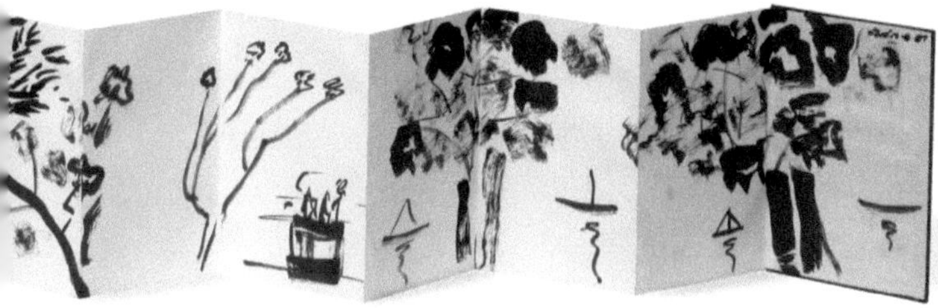

Die Zeichnungen in diesem Buch stammen von Etel Adnan und sind dem oben abgebildeten Leporello (makimomo) entnommen.

Inhalt

Originaltitel: *In the Heart of the Heart of Another Country*
Die amerikanische Erstausgabe erscheint 2005 im
Verlag City Lights Books in San Francisco.

Erste Auflage 2018

Printed in Germany
Umschlag: hißmann, heilmann, hamburg
ISBN 978-3-518-24196-7

Suhrkamp Verlag GmbH
Torstraße 44, 10119 Berlin
info@suhrkamp.de
www.suhrkamp.de